Die Uhr meines Lebens

Die Uhr meines Lebens

erzählt von Alex R.

Bibliografische Information der Deutschen Nationalbibliothek: Die Deutsche Nationalbibliothek verzeich-
net diese Publikation in der Deutschen Nationalbiblio-
grafie; detaillierte bibliografische Daten sind im
Internet über http://dnb.dnb.de abrufbar.

Weitere Mitwirkende: David, Lena

Verlag: BoD · Books on Demand GmbH, In de Tarpen
42, 22848 Norderstedt

Druck: Libri Plureos GmbH, Friedensallee 273, 22763
Hamburg

ISBN: 978-3-7597-9349-2

INHALTSVERZEICHNIS

Vorwort

Schicksalsschläge sind fester Bestandteil unseres Lebens. Sie verletzten uns, lassen uns trauern und haben die Kraft uns unter die Erde zu bringen. Vor allem prägen sie unseren Charakter und unser ganzes Leben. Mit jedem Schlag passiert etwas in uns. Gefühle explodieren ins Extreme.

Also sitz ich nun hier und fange dieses Buch an, ob es eines wird? Momentan weiß ich nur eines: Mein Kopf trägt viele Erinnerungen mit sich herum und er hat den Drang, einen Teil des bisher Erlebten noch einmal mit Scheinwerfern zu belichten und niederzuschreiben.

In den nächsten Zeilen möchte ich Dir einen Einblick in meine noch junge Lebensgeschichte geben, die durch viele Erlebnisse und teils harte Schläge geprägt wurde. Manche fühlten sich dabei an, als würden Meteoriten auf die Erde hinab stürzen.

Kapitel 1 – Der erste Schlag

Es war ein Tag im Dezember 2002, etwa 11 Uhr. Meine Mutter und ich machten uns wie jedes Jahr zu Weihnachten auf den Weg zu meiner Großmutter, die zwei Stunden von uns entfernt wohnte.

Meine Mutter packte etwas für den kleinen Hunger und eine Apfelsaftschorle für die Fahrt in einen Korb. Ich war gerade einmal vier Jahre alt und freute mich, wie wohl so ziemlich jedes Kind im Dezember, besonders auf Heiligabend.

Wir feierten Heiligabend immer bei meiner Tante, die in der Nähe meiner Großmutter wohnte. Dort ragte der Tannenbaum über drei Meter in das hochräumige Wohnzimmer hinein. Bis ich acht Jahre jung war, wurde ich immer an der schönen hohen Tanne vorbei in das Obergeschoss gebracht. Dann wurde es ganz still im Haus. Nach einer Zeit hörte ich ein Glockenläuten – Pscht, das Christkind ist da!

Diese Art, mir als Kind die Illusion des Christkinds vorzustellen, war so liebevoll und herzlich. Alleine so etwas definiert in meinen Augen eine schöne Kindheit: verspielt, verträumt und vor allem sorgenlos.

In diesem Jahr 2002 wurde es jedoch ein Weihnachten der anderen Art. Wir fuhren auf die Autobahn in Richtung meiner Großmutter und mir fielen nach kurzer Fahrtzeit die Augen zu. Ich träumte wahrscheinlich vom Christkind und fragte mich, was es mir denn nun dieses Jahr schenken würde. Ob ich im letzten Jahr überhaupt brav genug gewesen bin?

Ich hatte als Kind hin und wieder Albträume. Oft bin ich von irgendwo hinuntergefallen und mit Herzrasen aufgewacht. Oder aber mich hat draußen in der tiefdunklen Nacht eine Gruppe älterer Jugendlicher verfolgt und ich rief im Traum verängstigt nach Hilfe.

Es musste zum Teil an meinem Respekt vor den älteren Kindern gelegen haben. Denn ich hatte sehr großen Respekt vor den höheren Klassen in der Grundschule. Seit der ersten Klasse war ich immer einer der Kleinsten in meinem Jahrgang. Zwar war ich beliebt in der Klasse, wurde früh zum Klassenclown, wie es mehr oder minder nett ausgedrückt in meinen Zeugnissen dokumentiert wurde. Allerdings war ich in diesen jungen Jahren ein Einzelkind und kannte wenig ältere Kinder. Daher hatte ich wenige Berührungen mit den vorangeschrittenen Jahrgängen.

Mit acht Jahren fing ich damit an zum Ai-ki-do zu gehen. Dort absolvierte ich den gelben, den gelb-orangen, den orangen und letztlich den orange-grünen Gürtel. So brachte ich mir das erste Mal die körperliche Selbstverteidigung, den sportlichen Erfolg und das Gefühl eines steigenden Selbstvertrauens näher.

Nach einer halben Stunde überkam mich ein Durstgefühl und ich fragte meine Mutter nach der miteingepackten Apfelsaftschorle. Sie griff im Fußraum des Beifahrersitzes nach der Flasche und verlor plötzlich die Kontrolle über das Fahrzeug.

Ich befand mich im Halbschlaf, als ich mich nach der Flasche erkundete. Als plötzlich meine Mutter laut wurde, wachte ich auf und spürte, dass unser Auto über die nasskalte Straße schlitterte.

Wir kamen von der Autobahn ab und überschlugen uns mehrmals auf einer nebenliegenden Wiese. Da die Fensterscheiben unseres Autos durch den Aufprall auf das Dach gebrochen waren, schützte ich mein Gesicht mit meinen Händen vor herumfliegenden Glassplittern.
Währenddessen zählte ich die Anzahl an Überschlägen, die wir hinter uns brachten. Es waren drei Umdrehungen um die eigene Achse. Als wir wieder auf unseren vier Rädern landeten, kümmerte sich meine Mutter zuallererst um mein Wohlergehen. Daraufhin stieg sie aus und schrie ganz oft, ganz laut: „so eine Scheiße" und „so ein Mist".

Ich realisierte allmählich, was passiert war und befreite mich mit Hilfe von anderen herbeigeeilten Ersthelfern, die an der Autobahn angehalten hatten, um uns aus dem Wrack zu helfen. Es war kaum zu erkennen, dass dieses Teil mal ein Auto gewesen sei. Dennoch kamen wir ohne größere Schäden davon. Meine Mutter hatte eine leichte Gehirnerschütterung erlitten und viele, teils mikroskopisch kleine Glassplitter in der Hand. Ich hingegen war Gott sei Dank körperlich unversehrt.

Wir hatten gerade einen Autounfall mit drei Überschlägen weitestgehend unverletzt überstanden. Die Wiese, auf die wir abgekommen waren, war leer. Es stand dort nichts – wir konnten vor uns hinpurzeln.
Man darf sich nicht ausmalen, was gewesen wäre, wenn da auf dieser Wiese etwa Bäume, eine Wand, eine Hütte oder sonst etwas gestanden hätte.

Bis heute weiß ich nicht, inwiefern ich das als kleines Kind verarbeitet habe.
Ich denke, da wir am Ende wohlauf waren und uns das Glück vor Schlimmerem bewahrte, konnte ich das wohl behutsam verarbeiten.

Ich habe meine ersten Lehren gezogen, bin meinem Schicksal zum ersten Mal begegnet. Dies gab mir schon im kindlichen Alter eine eher fortschreitende Reife und gewisse Dankbarkeit für das Leben.

Kapitel 2 – Lauf der Zeit

Mit acht Jahren fing ich neben Ai-ki-do das Fußball spielen in einem Verein an. Ich kam in die E-Jugend und hatte großen Ansporn, mich selbst zu verbessern. Da ich zuvor schon viel auf dem Bolzplatz abhing, hatte ich mir bereits ein gewisses Ballgefühl angeeignet.

Anders als in der Grundschule wurde ich dort für meine Leistung geschätzt. Meine damalige Trainerin war begeistert von mir. Ich entdeckte Sport früh für mich. Er war der Ausgleich vom schulischen Alltag. Er gab mir innere Zufriedenheit und Glücksgefühle. Emotionen, die mir keine Lehrkraft übermitteln konnte – aufgrund meines von Beginn an mangelndem Interesse am Unterricht.

Ich kann mich noch genau an eine Situation aus der dritten Klasse erinnern, als ich meine Lehrerin wegen meiner fehlenden Hausaufgabe wieder einmal angelogen hatte. Ich tat so, als wären die Aufgaben in meinem Arbeitsheft ausgefüllt. Ich wollte es, still und heimlich, beim gemeinsamen Auflösen der Lösungen ergänzen und mitschreiben.

Wie immer am Anfang der Stunde fragte die Lehrerin, ob denn jemand seine Hausaufgaben nicht gemacht hätte. Die Namen derjenigen wurden notiert und sie erhielten einen Strich. Ich hatte schon zwei Striche gesammelt und bei einem weiteren hätte ich zur Strafe zusätzliche Hausaufgaben machen müssen.
Daher meldete ich mich nicht und fing an, die Lösungen zu ergänzen, während sie aufgelöst wurden.

Meiner eher streng getrimmten Lehrerin fiel nach wenigen Minuten auf, dass ich mich doch etwas sehr aktiv in meinem Arbeitsheft am Hantieren versuchte. Mit langsamen Schritten näherte sie sich meinem Sitzplatz. Keine Frage, ich bemerkte das anschleichende Näherkommen, wie eine Gazelle, die den Atem des Löwen im Nacken förmlich riecht. In mir fing ein beschämendes Brodeln an, meine Gesichtsfarbe passte sich ebenfalls der Situation an. Ich wurde nervös. Noch bevor die Lehrerin meinen Tisch erreichte, steckte ich mein Arbeitsheft schnell und in kindlicher Scham in meine Schultasche und starrte in Richtung Decke.

Ich wollte mich in Luft auflösen. Sie lief immer näher auf mich zu und kam letztlich vor mir zum Stehen. Sie fragte mich, warum ich denn mein Arbeitsheft so reflexartig wegstecke und ob ich etwa die Hausaufgabe nicht gemacht hätte und nur die Lösungen ergänze. Ich stritt ihren Vorwurf ab und versuchte mich in irgendeiner Weise herauszumogeln. Anschließend holte sie das Arbeitsheft sichtlich genervt aus meiner Schultasche und öffnete die Seite, die wir gerade kontrolliert hatten.

Mitten im Lösungssatz der zweiten Aufgabe wurde ich erwischt und hatte aufgehört mitzuschreiben. Sie wusste sofort, was meine Intension, was mein Plan war und hielt mir eine Standpauke. Ich habe in diesem Moment nichts mehr gehört, eine Art Tunnelblick nahm mich ein. Es war nicht das erste Mal, dass mich eine Lehrkraft angegangen war, aber es war mir bis dato definitiv am unangenehmsten, sodass es mir bis heute fest im Kopf hängt.

Dabei lernte ich, dass zu lügen – auf unkontrollierbare Art – in eine Erklärungsnot führt. Aus dieser Situation entkommt man entweder indem die Lüge erweitert wird, in der Hoffnung, dass das Nachhaken aufhört oder indem man seine Aussage revidiert und eingesteht, gelogen zu haben.

Diese Szenerie wollte ich nie mehr erleben. Ich wollte nie wieder so angreiflich und hilflos wirken. Also log ich in meiner Schullaufbahn nicht mehr und stand zu mir und meinem Handeln.

Bis zu meiner mittleren Reife auf der Realschule habe ich mein Wort gehalten. In meinem Abschlusszeugnis stand im ersten Satz, unterhalb der Noten, folgendes:

‚Alexander ist ein aufrichtiger und diskussionsfreudiger Schüler, der …‘

Nach einer gewissen Zeit hatte ich das Kleinfeld, auf dem man bis zur D-Jugend spielte, vollkommen beherrscht. Ich schoss mit meinen zwölf Jahren jedes Spiel ein Tor. Oftmals blieb es dabei sogar nicht nur bei einem. Mein Rekord lag bei sieben Toren in einem Spiel. Darauf war ich sehr stolz. Ich konnte meiner Mannschaft immer wieder zu einem Sieg verhelfen, indem ich die nötigen Tore schoss.

An einem Wochenende kam es zu einem landkreisinternen Nachbarschaftsduell. Ich kannte nahezu die gesamte gegnerische Mannschaft aus der Schule. Der Trainer des Gegners kannte mich und mein aufblühendes Talent ebenfalls und machte mir vor dem Spiel ein scherzhaftes Angebot. Er sagte, er wolle mich für 200 Euro in sein Team kaufen und damit einen waschechten Transfer vollziehen.

Mein Vater kam mit einem Gegenangebot. Bei drei Toren würde ich meinen ersten Computer bekommen. Und bei fünf Toren noch einen Drucker dazu.

Ich wollte schon länger einen eigenen Computer und nicht mehr das Notebook meiner Mutter benutzen.
Auf diesem war Windows 98 installiert und man konnte *lediglich* Space Pinball und Minesweeper spielen.

Tatsächlich schoss ich früh die ersten beiden Tore gegen meine Schulkameraden. Ich musste diese Tore schießen, um mir schließlich den Traum eines Computers zu erfüllen.

Als ich das dritte Tor schoss, rief mein Vater zu mir aufs Spielfeld: ‚Zwei noch, mein Sohn, noch zwei Tore und du bekommst auch noch den Drucker. Weiter!'
Es dauerte nicht lange bis Tor Nummer vier fiel und ich noch ein einziges Tor vom Komplettpaket für meinen Schreibtisch entfernt war. Mein Vater konnte seinen Augen nicht trauen. ‚Das kann doch wohl nicht wahr sein' dachte er sich ‚Vier Tore in diesem Derby'.

Als ich dann tatsächlich das fünfte Tor schoss, gab es meinerseits kein Halten mehr. Ich jubelte wie verrückt. So als wäre ich es gewesen, der dem damaligen deutschen Welttorhüter Oliver Kahn in der Nachspielzeit im Champions League Finale den Ball hinter die Linie ins Tornetz gedrückt hätte. Der erlösende fünfte Treffer war gefallen und sicherte mir auch noch den besagten Drucker. Letztlich endete das Spiel auch mit einem 5:0 und ich erfüllte mir meinen Traum. Nach dem Spiel duschte ich in der Kabine, zog mich an und fuhr mit meinem Vater zum nächstgelegenen Elektrofachhandel.

Er hielt sein Wort. Ich bekam einen Computer mit Windows XP und dazu einen Drucker von der Marke Brother. Ich konnte es kaum erwarten ihn aufzubauen und meinen noch leeren Schreibtisch mit Leben zu füllen.

Das war für mich ein Sinnbild für Erfolg. Keine Noten, keine schleppende Lernerei von Zeug, welches mich zu dieser Zeit nicht interessierte, konnte mir in der Schule diese Erfahrung und diese Gefühle vermitteln, etwas durch meine eigene Leistung, etwas Greifbares erreicht zu haben.

Tatsächlich wechselte ich wenige Jahre später zu dem Verein und dem Trainer, der mich mit 200 Euro in sein Team transferieren wollte. Allerdings fand dort dann relativ schnell ein Trainerwechsel statt. Von diesem fühlte ich mich zunehmend unter Druck gesetzt. Auch war ich mittlerweile in der C-Jugend und hatte nicht mehr so einen guten Zugriff auf das große Spielfeld. Daraufhin hing ich meine Fußballschuhe an den Nagel.

Kapitel 3 – Mein Kumpel Max

Im Laufe meiner Kindheit sammelten sich die Namen an Spielgefährten und Freunden. Auch fing es durch die Grundschule vermehrt an, dass ich Kontakt zu älteren Kindern bekam. Einer dieser älteren Freunde wurde Max. Dieser wohnte nur drei Straßen entfernt von mir. Ich lernte ihn mit acht Jahren kennen, er war mir drei Jahre voraus. Also schon elf Jahre alt. Mit der Zeit entwickelte er sich zu einer Art großen Bruder für mich.

Wir waren ein Jahr auf derselben Grundschule. Max war in der vierten Klasse als ich in der ersten Klasse war. Zu diesem Zeitpunkt kannte ich ihn nur vom Pausenhof. Danach ging Max auf ein Gymnasium und ich später, gezwungenermaßen, auf eine Realschule.

Mein Zeugnis hatte einen Notenschnitt von 2,66. Bis zu einem Schnitt von 2,33 durfte man auf das Gymnasium. Der Großteil meiner Mitschüler schaffte es auf das Gymnasium und ich wollte nur mit, weil alle diesen Weg gingen.

Ich war am Boden zerstört als ich im Zeugnis meinen Schnitt sah und mir die Konsequenzen bewusst wurden. Ich flehte meine Mutter an, mich bitte für die Nachprüfung anzumelden.

Allerdings war ich so in meiner Illusion gefangen, es unbedingt zu wollen, weil ich es nicht durfte und die anderen Freunde und Mitschüler es geschafft hatten, dass ich ganz vergessen hatte, wofür ich da überhaupt zu kämpfen versuchte. Nämlich für noch mehr schulische Belastung, extra

Nachmittagsunterricht und, zu diesem Zeitpunkt, drei
Jahre länger Unterricht bis zum erlösenden Abschluss.

Ich nahm an besagter dreitägiger Nachprüfung teil,
wusste aber schon während der verschiedenen Tests,
dass ich es nicht schaffen würde. Meine persönliche
Vorbereitung auf diese Nachprüfung war keineswegs
ernstzunehmend. Ich hatte so gut wie nichts gelernt
und auch keine Prüfungen aus den Vorjahren als
Übung praktiziert.

Ich war unvorbereitet und bin daraufhin durchgefal-
len. Zu meinem ungeahnten Glück. Das Letzte, was
mir in den Sinn kam, war sich noch mehr für die
Schule reinzuhängen, zu lernen und länger dort zu
verweilen. Nach einem halben Jahr Realschule war ich
begeistert von meiner *Entscheidung*.

Die Realschule war herausfordernd genug für meine man-
gelnde Lernbereitschaft und während die anderen Kinder,
die in das Gymnasium gingen, Nachmittagsunterricht hat-
ten, konnte ich meine Runden auf dem Bolzplatz drehen.

Man kann behaupten, Max und ich hätten es förmlich
manifestiert, an freien Tagen zumeist den ganzen Tag
über auf dem Bolzplatz zu verbringen. Ich wohnte direkt neben einem. Meine Mutter brachte uns dabei hin
und wieder Getränke oder kleine Snacks. In unserem
Viertel wohnten viele Kinder unseren Alters, weswegen sich der Bolzplatz immer für ein gutes Match an-
bot, da es nie an Mitspielern mangelte.

Im Laufe der Zeit verbrachten wir dann auch die anschließenden Abende und Nächte zusammen. Zusam-

men mit unserer ‚PSP' (= Playstation Portable). Wir spielten jedes Jahr das neue EA Sports FIFA, ein Fußballspiel für die Spielekonsole. Wir spielten damit online gegen andere Spieler. Immer, wenn wir beieinander gepennt, die Nächte mit Zocken verbracht hatten und einer von uns kurz vor Schluss gegen einen Fremden hinten gelegen hatte, gab es die Möglichkeit aus der Wohnung ins Treppenhaus und durch die Haustür zu rennen, um die WLAN-Verbindung zu unterbrechen. So wurden die Spiele annulliert oder teilweise sogar als Sieg gewertet. Jackpot!

Egal, ob es 21:00 Uhr am Abend oder 02:00 Uhr in der Nacht war, wenn eine Niederlage im Raum stand, rannten wir ohne Rücksicht auf Verluste diesen Weg entlang, um unsere Statistik zu schützen und den Spielabbruch zu provozieren.
Unsere EA-Online-Account Statistik, die die Anzahl an Siegen, Unentschieden und Niederlagen aufzeigte, musste strengstens behütet werden und war uns zu diesem Zeitpunkt so wichtig wie jegliche Nahrungsaufnahme.

Max und ich hatten mittlerweile beide aufgehört in einem Verein Fußball zu spielen und gingen stattdessen regelmäßig ins heimische Fußballstadion. Max ging mit seinem Vater in den O-Block und ich mit meiner Mutter in den K-Block. Diese beiden Blöcke waren jeweils die Außenblöcke des Stehplatzbereiches und grenzten an die Sitzplatztribünen an.

Als ich elf war, wurde ich immer neugieriger, wer denn in der Mitte des Stehplatzbereiches diese euphorische Stimmung samt Trommeln inszenierte. Max und ich waren eben nur jeweils in den Außenblöcken des Stehplatzbereiches und von da hörte man die Stimmung nicht so explosiv wie sie sich im Kern anhören musste. Wir wollten näher ran. Nein. Mittendrin wollten wir sein. Als wir dann mittendrin standen, wollten wir nie wieder woanders sein.

Wir waren wahrlich auf den Geschmack dieses besonderen Lebensstils gekommen. Wir hatten beide unsere Eltern vertröstet und gingen fortan nicht mehr in die Außenblöcke, sondern gemeinsam in den Stimmungsblock im Zentrum der Stehgeraden. Wir näherten uns zu dritt immer mehr der Materie Ultra an. Mein gegenüber wohnender Nachbar, der auch Max hieß, Max und ich.

Nach einem Jahr kam dann der Gedanke auf, ob es nicht cool wäre, auch mal bei einem Auswärtsspiel mitzufahren.
Uns war jedes zweite Wochenende auf das Heimspiel zu warten, einfach zu wenig. Zudem hörten wir an den Heimspieltagen immer von anderen, wie lustig und

erlebnisreich die letzte Auswärtsfahrt quer durch Deutschland gewesen war.

An einem Wochenende im Oktober 2011 machten sich Max, 16 Jahre jung, und ich, 13 Jahre jung, im ersten Bundesligajahr in der Geschichte unseres Vereins auf den Weg zu unserer ersten Auswärtsfahrt ohne elterliche Begleitung. Mit dem ganzen Mob an aktiven Fans im Regionalzug in die Hauptstadt von Rheinland-Pfalz.

Meine Mutter meinte dazu nur:
‚Solange Max mitfährt, darfst du auch mit.'

– Na dann, Abfahrt!

So erlebten wir unsere ersten erlebnisreichen Geschichten und waren froh diesen Kreis der Ultras näher kennengelernt zu haben. Es war in meinen jungen Augen die beste Art sein Leben auszurichten. Nach etwas zu streben. Gemeinsam etwas zu erreichen, Spaß zu haben und das Leben *in vollen Zügen* zu genießen.

Es blieb vorerst bei diesem einen ersten Auswärtsspiel. Jedoch hielten wir immer Ausschau danach, wohin wir als nächstes mitfahren könnten. Wir fingen immer mehr an, diesen besonderen Lifestyle zu verinnerlichen.

Eines Tages hatten wir uns Spraydosen besorgt und planten am späten Abend die Müllcontainer neben dem Bolzplatz zu beschmieren. Wir vermummten uns in meinem Kinderzimmer, nahmen einen Beutel Spraydosen mit und rannten los zu den Containern.

Mein acht Quadratmeter kleines Kinderzimmer hatte eine Fenstertüre. Heißt, wir konnten von dort auf die Straße und wieder zurück in mein Zimmer. Dadurch hatte ich generell eine sehr schöne Freiheit in meiner Kindheit und Jugend, denn einen eigenen Zugang zu seinem Zimmer zu haben, erbrachte viele Vorteile, wie sich über die Jahre herausstellte.

Wir kamen nach einem kurzen Sprint an den Containern an und lauerten bis wir starten konnten. Allerdings fuhren anfangs etliche Autos und Fahrradfahrer vorbei. Wir hielten uns erst einmal für 20 Minuten im Gebüsch versteckt und checkten die Lage weiter ab.

Dann war endlich Ruhe und wir konnten unsere kleine, illegale Malaktion starten. Wir schmierten ein paar Schriftzüge an die Container. Mein Herzschlag ging in diesen Momenten an die Decke. Anschließend rannten wir ohne zu zögern rasch in mein Zimmer zurück und nahmen unsere Vermummung ab. Wir waren euphorisiert und schwer erleichtert.

Wir hatten unsere erste, kleine Graffitiaktion hinter uns gebracht und Blut geleckt. Diese Emotionen, die man da durchlebt, machen süchtig. Der Herzschlag, die Nervosität, die Aufregung, die Erleichterung am Ende. All das wollte ich wieder erleben und so fingen wir an, öfter draußen rumzuschmieren.

Stromkästen und Lärmschutzwände waren unser Ziel, niemals aber Privateigentum, das war uns schon damals wichtig.

Kapitel 4 – Weihnachten 2006

Vier Jahre nach unserem Autounfall fuhren meine Mutter und ich an Heiligabend wieder zu meiner Großmutter. Wie jedes Jahr feierten wir traditionell bei meiner Tante in dem großen, hohen Wohnzimmer mit der schönen drei Meter hohen Tanne.

Als wir das Essen, welches immer sehr gemundet hat, hinter uns gebracht hatten, wurde ich immer nervöser und fragte aufdringlich: ‚Wann ist denn nun die Bescherung?'

Dafür haben wir uns doch wohl versammelt oder nicht?

Kurze Zeit später ging meine Mutter mit mir nach oben. Wieder an der schönen hohen Tanne vorbei, die neben der Treppe stand und durch die Kerzen strahlend bis in das Obergeschoss ragte.
Ich wurde in das Gästezimmer geführt und wartete auf das Läuten des Christkinds, dessen Existenz ich immer mehr in Frage stellte.
Es dauerte länger als sonst, was war da los?

Ich wurde ungeduldig und hopste auf dem Bett herum.

„Klingelingeling" – Na endlich. Meine Mutter machte den Fernseher aus, gab mir grünes Licht und ich sauste los. Die Treppen hinunter, direkt Richtung Baum. Ich war beeindruckt. So viele Geschenke waren noch nie unter dem geschmückten Tannenbaum. Ich fing an die ersten Geschenke zu verteilen und wies, wie ein Logistiker in seinen besten Zeiten, die Geschenke jedem Besitzer zu.

Nun war ich dran. Ich öffnete die ersten Geschenke. Socken, eine Mütze und Handschuhe – *wirklich?*

Sollte so mein Weihnachten in diesem Jahr aussehen?

Ich hatte daraufhin schon keine Lust mehr weitere Geschenke auszupacken. Der Höhepunkt meiner Traurigkeit sollte jedoch erst noch kommen.

Als ich ein quadratisch geformtes Päckchen aufriss, kam ein EA Sports FIFA 07 Cover hervor, auf dem sich Lukas Podolski, Wayne Rooney und die brasilianische Fußballlegende Ronaldinho befanden. Ich flippte zunächst aus, riss die Verpackung auf und öffnete die Spielhülle. Darin befand sich eine Art Chip, auf dem sich der Spieltitel FIFA 07 und ein merkwürdiges Nintendo DS Logo befand. Ich war verwirrt, ich hatte gar keinen Nintendo DS, wie sollte ich dieses Spiel dann spielen können?

Daraufhin saß ich aufgelöst auf dem Sofa im Wohnzimmer und weigerte mich weitere Geschenke zu öffnen.

Nach kurzer Zeit kam meine Großmutter zu mir. Sie legte den Arm um mich und sagte: ‚Komm schon, mach die weiteren Geschenke auf. Ist doch schade drum.' Ich weigerte mich dennoch und schmollte weiter vor mich hin.

Als meine Großmutter mich dann doch mit ihrem liebevollen Charme überreden konnte, stampfte ich getrost wieder zum Baum und öffnete weitere Geschenke.

Dann fiel mir ein Geschenk ins Auge, welches ich öffnen wollte. Es war länglich und hatte ein mittelschweres Gewicht. Ich riss die Verpackung auf und da war er – der Karton eines Nintendo DS Lite wurde sichtbar. Er kam erst vor gut einem halben Jahr auf dem Markt und ich sah ihn bisher nur in der Werbung auf Super RTL. Meine Eltern waren strengstens dagegen, mir so eine Spielekonsole zu kaufen, weil sie wussten, ich würde viel Zeit damit verbringen.

In diesem Moment, als ich das Paket auspackte, wusste ich, dieses Geschenk kam von keinem Christkind oder Weihnachtsmann. Es kam von meiner Großmutter, die mir still und heimlich und gegen jeden Willen meiner Eltern, diesen Nintendo DS Lite zu Weihnachten bescherte.

Ich sprang auf, jubelte, rannte zu meiner Großmutter und bedankte mich tausend Mal. Niemals hätte ich gedacht, dass ich mal eine Spielekonsole bekommen würde, da mir meine Eltern immer recht deutlich zu verstehen gaben, dass so etwas nicht ins Haus gelangen würde. Umso größer war die Überraschung als ich diese Verpackung aufriss.

Ich spielte den ganzen Abend damit. Zuvor hatte ich nur bei meinem Freund Max, den ich in diesem Jahr kennenlernen durfte, etwas auf seinem Gameboy Advance spielen dürfen. Nun hatte ich den neuen Nintendo DS Lite. Es war der Hammer!

So verbrachte ich die nächsten Tage und Wochen viel Zeit damit, denn der ein oder andere Klassenkamerad hatte den Nintendo ebenfalls zu Weihnachten bekommen und wir konnten uns verbinden und zusammen oder gegeneinander spielen.

Wir blieben den ersten Weihnachtsfeiertag noch bei meiner Großmutter und traten am 26.12. unsere Heimreise an. Wie glücklich ich in diesen Tagen war, blieb mir bis heute in Erinnerung. Ich bekam wenig von der Heimfahrt mit, da ich mit meinem Verein im Managermodus des Fifa-Spieles beschäftigt war und von Abfahrt bei Großmutter bis Ankunft zuhause spielte.

Zuhause angekommen, hatte ich mich darauf gefreut, meine Freunde zu treffen und ihnen von meiner Errungenschaft dieses Weihnachten zu erzählen.

Meine Mutter schloss die Haustüre auf und wir gingen in unsere kleine, gemütliche Zweizimmerwohnung, durch den Flur hinfort ins Wohnzimmer. Komischerweise stand die Terrassentür offen und generell sah es etwas unaufgeräumt aus, keinesfalls aber chaotisch. Meine Mutter fing an etwas hektisch zu werden. Ich umriss noch nicht wirklich was passiert war.
In ihrem Schlafzimmer waren ihre Klamotten allesamt aufs Bett gelegt, zwar ordentlich, doch sie hatte ihren Kleiderschrank vor der Abfahrt zu meiner Großmutter nicht ausgeräumt. Sie guckte nach ihren versteckten Wertsachen und Geld.

Es war still in der Wohnung.

Ich schaute mich um und entdeckte, dass die Terrassentür, die aus Holz war, aufgebrochen worden war und Holzspäne, die durch den Aufbruch entstanden sind, am Boden lagen. Mir wurde klar, dass Fremde in unsere Wohnung eingebrochen waren.
Meine Mutter rief laut: ‚Was? Nein! Das kann doch nicht sein!'

Ihr Geld, welches sie in der Küche versteckt hatte, war gestohlen worden und nicht mehr vorhanden. Die Einbrecher hatten es gefunden.

Diese Einbrecher gingen sehr ordentlich vor, was vor allem meine Mutter etwas stutzig machte. Nichts wurde herumgeworfen, sogar Handtücher und Bettwäsche wurden behutsam aus dem Schrank genommen und auf das Bett gelegt. Mein Kinderzimmer war unberührt und wurde wohl nicht einmal betreten.

Ich und vor allem meine Mutter mussten verarbeiten, dass, während wir nicht hier waren, wohl fremde Menschen in unserer Wohnung standen, in unserem Eigentum herumschnüffelten und eine höhere dreistellige Geldsumme ergaunerten.

Ich konnte in meinem Alter noch nicht verstehen, warum Menschen dies taten. In fremde Wohnungen einzubrechen und Sachen von jenen zu stehlen. Es war für mich unverständlich und ich hinterfragte dies eine Zeit lang.

Heute verstehe ich, warum es Menschen gibt, die den kriminellen Weg gehen, um an Geld zu gelangen. Sie bekommen im sogenannten System nicht die Chance auf eine aussichtsreiche Perspektive und Zukunft. Genau dies lässt Menschen kreativ werden und fördert zudem die Gier, einen anderen Weg zu finden, um sich ebenfalls etwas vom großen Kuchen abzuschneiden.

Ich hatte Ende 2006, mit 8 Jahren, einen schweren Autounfall überlebt und wurde mit einem Einbruch in unsere Wohnung konfrontiert. Ich war außerdem durch meinen Vater in Ländern wie Thailand, bin herumgekommen und habe mit meinen jungen Augen schon viel zu sehen bekommen.

Dadurch habe ich einiges gelernt und das Leben wie es läuft, mit all seinen Ecken und Kanten, mehr und mehr zu verstehen gewusst. Das Schicksal war in diesen jungen Jahren schon Teil meines Lebens und es prägte mich. Ich wurde mental immer stärker, hatte viel Spaß am Leben und war zeitgleich sehr dankbar dafür.

Kapitel 5 – Realschulzeit

Ich war mittlerweile in der 7. Klasse der Realschule angelangt und schlängelte mich mit minimalem Aufwand und dem maximalen Ertrag durch die Jahre. Zudem hatte ich es schon mit mehrmaligen Verweisen,
Nachsitzen und derartigen Dingen zu tun.

Ein Jahr zuvor in der 6. Klasse war Nic, einer meiner
besten Freunde, neben mir gesessen. Wir machten den
Unterricht zu unserer Bühne, indem wir uns einen
YouTube-Kanal anlegten und anfingen Videos hochzuladen.
Dies waren nicht irgendwelche Videos. Es waren Videos aus dem Unterricht und wir waren darauf zu sehen. Ich hatte mein nagelneues Sony Ericsson Walk-
man Handy gerade frisch bekommen. Es wies eine
acht Megapixel starke Kamera vor, welche benutzt
und in Szene gesetzt werden wollte.

Die Lehrerin erklärte uns in jenem Moment etwas zu
einem Themengebiet und wir hatten keine bessere
Idee als das Handy ins Mäppchen zu legen, auf Auf-
nahme zu klicken und uns zu filmen, wie wir sie oder
andere Klassenkameraden mit Papierschnipseln ab-
warfen und andere Albereien ausübten.

Ich lud die Videos anschließend auf YouTube hoch
und verbreitete sie auf meinem SchuelerCC-Account.

Nach wenigen Wochen hatten die Videos um die zwei bis dreitausend Klicks erzielt und wurden in den Kommentaren auch durchaus gefeiert.

Allerdings schrieb ein Kommentar etwas darüber, dass wir vorsichtig sein sollten und dass dieses Filmmaterial eines Tages vor die Füße einer unserer Lehrer fallen könnte. Wir hatten uns keine Gedanken dazu gemacht, dass sich diese Videos nun im WWW befanden und jeder Zugriff darauf haben könnte, auch einer unserer Lehrer.

Nach ungefähr zwei Monaten kamen wir um acht Uhr morgens in die Schule und in der vierten Stunde stand eine Deutschschulstunde mit unserer Klassenlehrerin an. Sie kam bewaffnet mit der Hausordnung unserer Schule in das Klassenzimmer, deren Blätter ich mehrmals in meiner Schullaufbahn abschreiben durfte.
Nic und ich saßen zu dem Zeitpunkt schon nicht mehr nebeneinander, da wir längst auseinandergesetzt wurden.

Als unsere Klassenleitung mit eben jenem sechsseitigen Dokument hereinkam, hatte ich in meinem Bauch schon ein mulmiges Gefühl, jedoch noch keine Ahnung weshalb.

Sie fing an mit einer ruhigen, seichten Stimme:
‚Ihr kennt doch alle unsere Hausregeln, nicht wahr? Da steht zum Beispiel (…)'

Sie fing an banale Verhaltensregeln aufzusagen und wir nickten alle ab.

Mein Gefühl verschlechterte sich von Minute zu Minute. Ich begann ihre satirische Redensart zu erkennen. Ich blickte zu Nic und er blickte mich an.

Ich konnte aus seinem Blick nicht ganz herauslesen, ob ihm die Situation, in die wir gerade hineinglitten, ebenfalls schon klar geworden war. Sein fragender Blick vermittelte Leere, so wie es meiner wohl auch tat.

Die Lehrerin ging durch viele Punkte der Hausordnung und meine Mitschüler wurden elegant in ihr Gespräch mit eingebunden. Sie mussten Antworten auf diese fast schon scheinheilig, ironischen Fragen geben.

Mein Herz schlüpfte in die Hose und mir wurde immer mehr klar, dass Nic und ich am Ende ihres Vortrages auf der Zielscheibe stünden. Sie kam immer näher an dem Punkt an.

‚(…) oder Alexander? Wie sieht es denn mit Regeln für ein Telefon auf dem Schulgelände aus?'

Ich war, um deutlich zu werden, gefickt und die Antwort, die ich da gegeben hatte, habe ich wohl ganz schnell verdrängt, da ich mich nicht mehr an sie erinnern kann.

Es war das zweite Mal in meinem Leben - ich wollte es nie mehr und es ist wieder passiert - ich wurde im Unterricht von meiner Lehrerin auf eine recht harte Weise gedemütigt und das auch noch vollkommen zurecht.

In dem Moment hasste ich mich. Der Pausenclown, der immer für gute Laune sorgte und dem der Rest egal war, hatte auch diese teuer zu stehen kommenden Nachteile.

Die ganze Klasse war still und die Lehrerin fing an, auch Nic mit ins absinkende Boot zu holen:
‚Wie lauten denn die Regeln der Hausordnung bezüglich des Telefons, Nico? Sind denn etwa Bilder oder gar Videos erlaubt?‘

Ich blickte zu Nic hinüber und sah in ihm das Gleiche, was ich in mir fühlte. Die ganze Klasse schaute auf uns und den meisten wurde auch immer mehr klar, aus welchem Grund der heutige Tag eine erbarmungslose Abrechnung für uns beide ist.

Das Gefühl fraß mich förmlich auf. Ich war in einer Art Schockstarre, in die ich das letzte Mal in der dritten Klasse geraten war. Ich konnte nicht glauben, dass wir nach zwei Monaten mit diesen Videos auf YouTube von einer Lehrerin in der Schule konfrontiert werden würden.
Sie spürte genau, wie sehr sie uns getroffen hatte. Es war als hätte sie uns ein Messer in die Brust gejagt und es danach eiskalt und mit schelmischen Grinsen wieder herausgezogen.

Sie beendete den lehrreichen Vortrag und fing mit dem Unterricht an.

Unser Mathematiklehrer, bei dem, wenn er hereinkam im Klassenzimmer absolute Ruhe herrschte, war gleichzeitig ein Informatiklehrer und wohl auch im Internet und auf YouTube unterwegs. Er sprach uns nie selbst direkt darauf an.

Er blickte uns lediglich in der ersten Stunde nach dem unsere Videouploads geleakt wurden, mit dezentem Grinsen an und brachte nur einen trockenen, kurzen Spruch nebenbei.

Diesen Beisatz nahmen wohl nur Nic und ich in diesem Klassenzimmer wahr. Er ließ die Geschichte unsere Klassenlehrerin regeln und hielt sich als Entdecker der Videos aus der Sache raus.

Vielleicht kam von ihm damals auch dieses ominöse Kommentar, dass wir aufpassen sollten. Wir zeigten uns unbeeindruckt und fuhren, naiv und im jugendlichen Leichtsinn, mit dem Hochladen von Filmmaterial aus dem Unterricht fort.

An dieser Stelle:
Mögen Sie in Frieden ruhen, Herr Luxenburger

Nach der Stunde hatten Nic und ich den Vortrag von Stundenbeginn einigermaßen verarbeitet. Wir gingen mit einem beschämenden Gefühl zu unserer Klassenleitung nach vorne und fragten sie wie die Strafe aussehen würde und was uns da denn Weiteres erwarten würde.

‚Seid ihr beide mit einem verschärften Verweis einverstanden?' Oh Mann, bei dieser Frage war ich den Freudentränen nahe. Ja, das waren wir. Und wie!

Ich konnte noch nie verstehen wie man sich von einem Blatt Papier, ganz egal, ob Zeugnis, Schulaufgabe, Stegreifaufgabe oder einem Verweis, beeindrucken ließ. Für mich war das lediglich Papierkram. Es nahm mir in meinem jungen Leben nichts weg und veränderte auch nichts. Daher konnte ich mit so einem verschärften Verweis, dessen Name gefährlicher klingt als sein Bestehen es tat, gut und gerne leben. Wenn das die Konsequenz für unseren Spaß im Internet war, war ich damit einverstanden – und so war es.

Ich befand mich ein Jahr später also in der 7. Klasse der Realschule und irgendwie hatte sich mit einem aus meiner Nebenklasse so eine kleine, andauernde Stichelei entwickelt.

Es klingelte zur großen Unterrichtspause und ich ging, wie jeden Tag, zum Pausenverkauf und deckte mich mit einem belegten Gebäck und einem Getränk ein. Ich ging mit einem Mitschüler über den Pausenhof und traf diesen einen Jungen, mit dem ich mich nicht so wirklich verstand.

Er war für sein Alter, 13 Jahre jung, schon muskulöser gebaut. Ich sah dagegen einem zehn Zentimeter kleineren Streichholz ähnlich. Ich denke aufgrund meiner doch schon erhöhten Lebenserfahrung, die ich aufsammelte, ließ ich mir keinen so plumpen Spruch drücken und konterte solche im Handumdrehen.

Im Nachhinein hatte ich erfahren, wer dieser Junge wirklich war. Er wurde unter anderem von seiner Familie zu einer Pflegefamilie nach Frankreich geschickt, um dort ein Erziehungscamp zu besuchen.

Jedenfalls konfrontierten wir uns auf dem Pausenhof mit Sprüchen, die man in unserem Alter dem anderen eben hinwarf. Nach Unterrichtsschluss wollte ich über den Ausgang des Schulgeländes zum Schulbus laufen, mit dem ich, wenn ich nicht gerade sportlich mit dem Rad unterwegs war, heimfuhr. Auf einmal kam ein Kumpel aus einer anderen Klasse aus dem Schulgebäude und erzählte:

‚Alex, bist du bereit für die Schlägerei gleich? In unserer Klasse ging herum, du hast um 13:20 Uhr eine Schlägerei mit einem anderen vor dem Schulgelände vereinbart.'

Ich war geschockt und dachte zurück. Ich hatte zu keinem Zeitpunkt eine Schlägerei mit ihm vereinbart. Im selben Moment dachte ich mir ‚Komm – auf geht's, steh deinen Mann!'

Gleichzeitig aber machte sich in meinem Bauch ein unbeschreiblich mulmiges Gefühl breit. Ich konnte den Weg in Richtung hinterem Schulausgang zum Vorplatz, auf dem er wohl wartete, nicht bestreiten. Ich setzte mich auf eine Bank, die sich noch auf dem Schulgelände befand und ging kurz geduckt etwas in mich und dachte nach…

Ob ich jetzt ein Versager wäre, wenn ich da nicht auftauche? Ich hatte das nie ausgemacht und hätte ihm auch nichts entgegenzusetzen gehabt. Es waren lediglich oberflächliche Sticheleien, die wir uns in kindlicher Manier an den Kopf warfen.

Dieses mulmige Gefühl in meinem Bauch wurde nicht weniger und wanderte bei jedem Gedankengang in diese Richtung immer mehr Richtung Kopf. Letztendlich entschied ich einen anderen Weg zu gehen. Daraufhin verließ ich das Gelände über einen anderen Ausgang auf der anderen Seite des Schulgeländes.

Ich wurde nie mehr darauf angesprochen, weshalb ich nicht erschienen bin und mich ihm nicht gestellt habe. Nicht am Tag danach. Nicht hintenrum. Es wurde nie wieder erwähnt und meinen Kumpanen vom Pausenhof habe ich höchstens noch ein, zwei Mal auf dem Schulgelände gesehen.

Dieses Ereignis scheint mir so als wäre es nie gewesen, da ich nie darüber geredet habe oder darauf angesprochen wurde – aber doch ist es passiert.
Vielleicht war es nur ein Gerücht, dass er sich mit mir prügeln wollte und er stand überhaupt nicht bereit und wartete nicht einmal auf mich. Ich weiß es nicht.

Wovor mich mein Bauchgefühl und mein Instinkt bewahren wollte, werde ich zu einem späteren Zeitpunkt in meinem Leben erfahren.

I. Randnotiz

Vor 48 Stunden habe ich hier mit den ersten Zeilen angefangen und nun befinde ich mich auf Seite 44.

Ich habe zuvor ein paar wenige Bücher gelesen, allerdings habe ich mich mit dem Thema ein Buch zu schreiben noch nie wirklich beschäftigt. Einzig und allein der Gedanke eines zu schreiben, schwirrte mir seit Anfang 2019 durch den Kopf.

Dass es ein Buch werden wird, ist mir seit den letzten 41 Seiten jedenfalls bewusst geworden.
Ich finde Gefallen daran, dabei das Gefühl zu verspüren, sich zur Abwechslung ein Teil des bisherigen Lebens und die damit verbundenen Erlebnisse und Vorkommnisse von der Seele zu schreiben, zu spiegeln und auf Papier zu bringen.
In den nächsten Zeilen, die noch folgen werden, wird es nicht ruhiger als es auf den ersten Seiten anfing. Im Gegenteil.

Die Ruhe nach dem Sturm erlebe ich jetzt gerade hier. Ich kann in Ruhe diese Zeilen, diese Gedanken zu Papier bringen und sie objektiv betrachten.

Mein Kopf hat sich ein System für dieses Buch gebaut und ich lasse ihm freien Lauf und tippe im Akkord diese Zeilen in die Tasten.

Kapitel 6 – Mit dem Fanbus nach NRW

Es war der 18. Februar im Jahr 2012. Noch bevor wir wirklich engere Kontakte zu den Ultras geschlossen hatten und die Möglichkeit bestand, uns für deren Bus anzumelden, fuhren Max und ich mit einem neutralen Fanbus zu einer Auswärtsfahrt gen Nordrhein-Westfalen. Die Ultras hatten zudem ein Mindestalter für ihre Businsassen und dieses hatte ich noch nicht erreicht.

Wir waren aufgeregt. Endlich! Unsere erste Auswärtsfahrt mit einem Reisebus stand an. Die Mitfahrer in unserem Bus waren ebenfalls Fans unseres Vereins, aber diese unterschieden sich doch deutlich von den Fans, denen wir immer noch näherkamen, den Ultras.

Max hatte sich ein Buch für die Fahrt mitgenommen, das er auf dem Hinweg las und ich verbrachte die Zeit mit Musik hören. Als wir nach gut sieben Stunden ankamen und auf den Parkplatz rollten, standen schon zwei Busse darauf. Es wurde eine Menschenmenge sichtbar, die auf die restlich ankommenden Fans wartete, um dann gemeinsam zum Fußballstadion vor Ort zu marschieren.

Am Gästeblockeingang angekommen, war ich mit meinen 13 Jahren durchaus schockiert. Der Eingang sah aus wie ein enger Zellengang im Knast. Sowas sah ich bisher nur in Filmen. Komplett eingezäunt, wenig Platz zwischen den Reihen und am oberen Ende mit Stacheldraht verziert. Es sah mir nicht so aus als würde man hier ein Fußballspiel besuchen gehen.

Ich zögerte etwas mit dem Hineingehen und die Ultras gingen mit ihrem Fahnenmaterial voran. Als Max und ich uns in die Reihe anstellten, merkten wir wie es im Kontrollraum, in dem die Ultras ihre Fahnen nach unerlaubten Gegenständen kontrollieren ließen, zu einem Tumult kam. Ein Ordner wollte unangekündigt eine Fahne aus dem Verkehr ziehen und dies löste eine Kettenreaktion aus. Die Ultras sträubten sich dagegen und waren nicht einverstanden mit dem übereilten Vorhaben des Ordners. Plötzlich entfachte ein Handgemenge zwischen den Ordnern und Ultras. Max und ich waren etwas hilflos noch vor dem Eingang gestanden und sahen genau, was in diesem Käfig vor sich ging.

Die Lage beruhigte sich nicht, stattdessen war die Polizei mit unfassbar aggressiver Art schnell zur Stelle. Die Schlagstöcke wurden gezückt, das Pfefferspray herausgezogen und los ging deren Einsatz.

Für mich war unbegreiflich, weshalb die Polizei so agierte. Die Situation zwischen den Ordnern und Ultras hätte in meinen Augen beruhigt werden müssen. Stattdessen stürmten mindestens acht in voller Montur bekleidete Beamten zusätzlich in das Gemenge und hinterließen ein Trümmerfeld, in dem Menschen am Boden lagen, die durch das Pfefferspray nichts mehr sehen konnten, brennende Augen und Hautstellen hatten oder Verletzungen vom Schlagstock erlitten.

Mein Bild der Polizei, die dein Freund und Helfer sein sollte, hat sich in diesem Moment größtenteils in Luft aufgelöst. Ich sah sie plötzlich als wilde Bestien vor mir, die mit einem Überschuss an Testosteron unüberlegt eingriffen. Ich hatte zuvor öfter von einer Redewendung gelesen, die hieß: ‚Hirn aus, Knüppel raus.'

Und diese Redewendung hatte ich nun mit eigenen Augen erlebt und vollkommen verstanden, weshalb es sie gibt. Sie hatte einen Grund, nein, sogar eine durchaus klare Daseinsberechtigung.

Anschließend wurden Max und ich dennoch durch den Eingangskäfig in das Stadion hineingelassen und wir fragten aufgelöst, was denn genau passiert war. Daraufhin wurden auch ein paar Ultras abgeführt. Die Verbliebenen kümmerten sich zum einen mit den Sanitätern um die Verletzten. Andere erfragten, weshalb der ein oder andere abgeführt wurde, wohin sie gebracht werden und wann sie wieder auftauchen würden.

Wir zwei standen lediglich da. An den Treppen zum Blockeingang, mit Blick Richtung Stadioneingang und beobachteten die Situationen, die rund um dieses Geschehnis vor sich gingen. Es wurde viel mit der Staatsmacht und den Ordnern diskutiert. Letztendlich packten die Ultras ihre Sachen zusammen und machten sich wieder auf den Weg in Richtung Stadionausgang.

Ich fragte einen der mir bekannten Ultras, ob sie nun wirklich gehen würden, bevor das Spiel überhaupt anfing. Die Antwort war, im Nachhinein betrachtet natürlich, ein klares ,Ja'. Es war nach den Vorkommnissen am Einlass nicht mehr mit den eigenen Werten vertretbar, an diesem Tag, dieses Fußballspiel zu besuchen.

Max und ich hatten uns in einer Zwickmühle befunden. Gehen wir nun mit nach draußen oder bleiben wir hier im Stadion, wo sich unsere Busbesatzung an volltrunkenen Trotteln, so wie sie mir rüberkamen, befanden. Letztlich sagte uns einer der Ultras, wir sollten hier im Stadion das Spiel gucken und dann mit dem Bus, in dem sich auch unsere Rucksäcke befanden, wieder nachhause fahren. Er sagte auch, dass sie, sobald die anderen wieder von der Wache zurück sind, sich auf den Rückweg machen und nur noch hier wegwollen.

Zudem bekamen sie zusätzlich von den Cops vor Ort ein Nordrhein-Westfalen Verbot aufgedrückt und so wurden sie bis zur Ländergrenze auf der Autobahn von unzähligem Blaulicht begleitet. Steuergelder adé!

Somit blieben wir und gingen wenige Minuten nach Anpfiff zum ersten Mal in das Innere dieses Stadions. Keine Stimmung aus unserem Auswärtsblock. Keine laustarken Fans, keine Fahnen. Lediglich normale Fußballfans, die bei Bratwurst und Bier dieses Spiel verfolgten. So sah für uns kein Spielbesuch aus.

Wir saßen trostlos enttäuscht im Stehplatzbereich und starrten umher. Nebenbei verlor unsere Mannschaft mit einem deutlichen 1:4. Nach dem Spiel liefen wir zu unserem Bus zurück, setzten uns oben in den Doppeldecker und hofften auf eine schnelle Ankunft in der Heimatstadt.

Vor uns im Bus befand sich eine Personengruppe von fünf Leuten. Diese tranken und sangen typischerweise im Suff gesungene Ballermann-Musik mit, die aus den Buslautsprechern erklang. Der Promillewert des Busses stieg allgemein stündlich an und mittendrin saßen zwei junge Teenager, die nur nach Hause wollten, um diesem Tag endlich ein Ende setzen zu können.

Wir hielten ein letztes Mal eine gute Stunde vor der ersehnten Heimankunft an einem Rastplatz.

In einer Durchsage wurde durchgegeben, man würde hier 30 Minuten verweilen und eine Pause einlegen.

Nachdem die betrunkenen Mitfahrer aus unserem Bus fielen, stiegen wir ebenfalls aus und machten uns auf den Weg in den Rasthof, um wenigstens noch eine Kleinigkeit zu essen zu ergattern. Wir liefen eine kurze Zeit lang umher und suchten nach etwas Essbarem, allerdings hatte der Rasthofbetrieb schon geschlossen. Es war nach 23:00 Uhr, woran es wohl gelegen haben musste. Wir suchten also die Toiletten auf, gingen wieder zur Ein- und Ausgangstür und machten uns auf Richtung unseres Busses.

Und nun? Was musste an diesem Tag noch passieren?

Der Bus war weg – keine Spur unseres Doppeldeckers. Panik machte sich breit. Wir liefen über den Parkplatz, auf dem viele LKWs standen. Aber nichts, kein Bus weit und breit. Eine Nummer von einem der Businsassen hatten wir auch nicht, der Tag wurde immer noch besser!

Ein 13-jähriger und ein 16-jähriger Junge wurden unbemerkt am späten Abend an einem Rastplatz, eine gute Stunde von zuhause weg, vergessen und schlicht stehen gelassen. Bei dem Promillepegel allerdings echt kein Wunder. Da wir jedoch die Einzigen unter 18-Jährigen in diesem Bus waren, hätte einer der Veranstalter des Fanbusses schon ein kleines Auge auf uns haben können.

Ich war ziemlich schockiert, leicht panisch und hatte schon eine Träne im Auge. Max blieb da schon sachlicher und vor allem ruhiger. Da es Mitte Februar war, war es nachts sehr kühl geworden, woraufhin wir mit hängen gelassenen Schultern wieder in den leblosen Rasthof liefen.

‚Was soll heute noch passieren?' fragte ich Max.

Im Rasthof angekommen textete ich Max weiter panisch zu. Ich erwähnte unter anderem, dass ich meinen Vater nun anrufen könnte und der uns bestimmt weiterhelfen würde. Tatsächlich rief ich ihn nach kurzer Beratung an.

Mein Vater gab mir dann am Telefon mit abgebrühter Stimme zur Kenntnis, dass ich mich erkundigen soll, wo genau wir feststecken. Er würde sich dann auf den Weg machen.
Ein älteres Ehepaar, welches selbst auf Durchreise war, bemerkte meine junge, ziemlich hektische und aufgelöste Stimme, mit der ich in das Telefon sprach. Sie hörten das Gespräch mit. Ich sagte meinem Vater den Ort der Raststätte und er meinte, er würde sich sofort auf den Weg machen.

Daraufhin sprach mich die Frau des Ehepaars an und fragte, ob sie denn mal kurz noch mit meinem Vater am Telefon sprechen dürfte, sie habe unser Gespräch mitgehört. Sie erklärte meinem Vater, dass sie sowieso in unsere Richtung müssten und uns mit zu ihnen nach Hause nehmen könnten. Das würde meinem Vater etwas Fahrweg und uns das Warten auf dem menschenleeren Rasthof ersparen.

Also fuhren wir bei dem sehr zuvorkommenden Ehepaar mit und warteten bei ihnen im Haus, bis mein Vater uns abholte. Wir bekamen etwas Warmes zu trinken und wurden herzlich aufgenommen. Im Fernseher lief zufällig ein Klitschko Kampf live, von dessen Brüdern ich ein großer Fan war und eigentlich keinen Kampf verpasste.

Wladimir Klitschko gewann. Mein Vater klingelte. Wir bedankten und verabschiedeten uns, stiegen ins Auto, fuhren nach Hause und konnten uns endlich in unsere Betten fallen lassen. Es fühlte sich nach einem gelungenen Happy End an, wobei man das nach diesem chaotischen Tag und den Erlebnissen ungern zugab.

Im Nachhinein erfuhren wir, dass der Bus früher weitergefahren war, um einen Rastplatz anzufahren, bei dem es mehr Einkaufsmöglichkeiten gab. Statt den dreißig Minuten, stand der Bus nicht einmal zehn Minuten.

Da sich unsere Rucksäcke noch im Bus befanden und wir diese natürlich gerne wieder hätten, riefen wir bei dem Fanbus-Veranstalter an. Wir sagten, dass wir auf einem Rastplatz vergessen wurden und unsere Wertsachen gerne wieder hätten. Die Person am Telefon blieb ziemlich unbarmherzig, fragte nach unserer Adresse, schrieb sie auf und brummte:
‚Falls etwas aufgefunden wurde, würden sie es per Post an uns schicken.'

Wenige Tage später kam ein Paket an, worin sich unsere beiden Rucksäcke und eine XXL-Haribo Packung als Entschädigung befanden.

Es wurde nach dem Stehenlassen am Rastplatz nicht einmal versucht, uns über irgendeinen Weg zu kontaktieren. Sogar mussten wir dort anrufen und uns darum scheren, unsere Rucksäcke wieder zu bekommen. Uns dann eine Haribo Packung als Entschädigung mitzuschicken, empfand ich als plump und seitdem verabscheute ich diese Fanbusorganisation.

Das folgende Foto entstand bei einem weiteren Auswärtsspiel. Da wir keine Stehplatzkarten mehr ergattern konnten, sorgten wir zu zweit im angrenzenden Sitzplatzbereich für Stimmung.

Kapitel 7 – Die erste große Malerei

Mittlerweile war ich fester Teil einer Ultragruppierung. Max und ich waren am selben Tag aufgenommen worden. Wir waren überrascht es im Verhältnis schon so früh in die Gruppe geschafft zu haben. Vor allem ich, denn normal wurde man in meinem Alter von 14 Jahren noch nicht aufgenommen. So wurde ich zum jüngsten Mitglied der Gruppengeschichte.

Nach einer Zeit planten Max und ich schon eigenständig Maltermine für Choreografien. Wir malten an diesen Tagen oft den ganzen Tag und erledigten andere Aufgaben, die innerhalb unserer Gruppe anstanden.

Die lautstarke und aktive Unterstützung im Fußballstadion war zum einen natürlich für den Support der eigenen Mannschaft, allerdings auch eine Art der Therapie für mich und meine Seele.

Jedes Wochenende ins Stadion zu gehen und sich die Seele aus dem Leib zu schreien, gab mir ein befreiendes Gefühl. Und so sammelte und staute sich bei mir nie eine Art negativ unterdrückte Gefühlswelt an. Ich lernte dadurch diesen Emotionen, denen der Mensch so ausgesetzt ist und die er verarbeiten muss, freien Lauf zu lassen, einige meiner Probleme zu einer Aufgabe zu wandeln und andere auch in Luft aufzulösen.

Eine unvergessliche Zeit war angebrochen, die fast zu schön war, um wahr zu sein.

Eines Abends waren Max und meine Wenigkeit in eine Malaktion mit weiteren Gruppenmitgliedern eingebunden. Es war Max' und meine erste Aktion, bei der wir dabei waren, die an einer offenen Schnellstraße stattfand, bei der auch nachts noch reger Betrieb herrschte und Autos unterwegs waren.

Zuvor hatten wir eben nur Stromkästen, Müllcontainer oder Lärmschutzwände, die sich in relativ ruhiger Lage befanden, bemalt.

Wir waren daher schon etwas nervös und wussten auch nicht, wo genau sich unser heutiger Spot befindet und welches Bild genau an die Wand gemalt werden soll. Unsere Handys blieben, wie immer bei solchen Aktionen, zuhause und wir fuhren zum Treffpunkt, wo wir von den anderen bereits erwartet wurden.

Wir packten allesamt unsere Stofftaschen, schüttelten die Dosen warm und stellten unser Equipment für die heutige Nacht zusammen.

Dani, ebenfalls ein Mitglied unserer Gruppe, sollte uns eigentlich zu unserem Spot kutschieren. Allerdings ist ihm während des Abends die Lust vergangen und er fuhr lieber nachhause.

Wir luden das Zeug ins Auto und fuhren los zu unserem Spot. Mitten auf der Schnellstraße zeigte einer unserer Autobesatzung auf die Wand, die sehr eng am Straßenrand lag und rief:

‚Genau da! Da malen wir unser Bild hin, alles klar?'

58

Ich dachte mir, nun gut und wie kommt man an diese Stelle ohne Auto? Wir werden doch wohl nicht über die Schnellstraße bis dorthin rennen?
Die letzte Ausfahrt war sicherlich über 150 Meter entfernt und die Nächste lange nicht in Sicht.

Wir fuhren daraufhin die nächste Ausfahrt heraus und über Landstraße wieder zurück, bis wir da ankamen, wo unser Fahrer das Auto abstellte. Wir vermummten uns und machten uns auf Richtung Schnellstraße. Durch Gebüsche gelangten wir zu der Abfahrt von der Schnellstraße. Dann meinte einer unserer Jungs:

‚So Freunde, jetzt wird es etwas unbequem. Wir müssen die Abfahrt hoch und die Strecke auf der Straße entlang rennen, bis wir an unserem Ziel, einer einkerbenden Wand, ankommen. Sobald ein Autolicht zu sehen ist, springen wir hinter die Leitplanke und verstecken uns. Sobald das Auto an uns vorbei ist, wird wieder weiter gerannt.‘

Mein junges Herz pochte plötzlich auf Hochtouren und ich wusste nicht, ob ich dem schon gewachsen war. Zeit zu überlegen war nicht, denn der erste rannte zügig nach der Ansage los und wir zogen hinterher. Die Abfahrt nach oben lief noch reibungslos und ohne Autoverkehr. Also *nur* noch die lange Gerade zu der auserwählten Wand.

Wir waren kurz auf der Geraden, da kam von hinten schon ein weißes Licht und wir sprangen allesamt hinter die Leitplanke, hinter der ein paar Pflanzen hochwuchsen und wenig Platz bestand, da sich die Lärmschutzwand direkt dahinter befand. Wir duckten uns weg und warteten, bis die Autos vorbeifuhren. Nach kurzer Zeit gab es wieder grünes Licht. Wir hüpften zurück auf die Straße und rannten flott weiter.

Wir mussten auf dem Hinweg bestimmt vier-, fünfmal hinter die Leitplanke springen. Als wir an unserem Zielpunkt ankamen, waren zumindest Max und ich schon völlig in Schweiß gebadet. Die ganzen Sprints, das ständige zwischenzeitliche Verstecken und die Vermummung auf unserem Kopf machte uns zu schaffen.
Allerdings konnten wir beide kurz verschnaufen, da wir darauf warten mussten, bis die Buchstaben zum Ausmalen vorgezogen waren. Es war immer wieder eine Zeit lang Ruhe. Manchmal duckten wir uns kurz hinter der Leitplanke, ließen Autos vorbeifahren und malten dann weiter. Wir hatten über die Hälfte der Buchstaben ausgemalt und einer begann schon die Schatten und Outlines mit der Spraydose zu ziehen.

Das nächste Autolicht kam und wir versteckten uns wieder. Ich nahm etwas früh den Kopf hoch und las im Augenwinkel die Aufschrift auf dem Auto ‚Polizei'. Ich gab dies weiter. Einer von uns entschied daraufhin, dass wir uns lieber erstmal aus dem Staub machen sollten.

Also rannten wir die gut 150 Meter ohne Zwangspause zurück, die Abfahrt hinunter und letztlich ins Gebüsch, in welchem wir dann erstmal eine Zeit verweilten. Einer von uns hatte Ausschau gehalten, ob wir vielleicht anderweitig an diese Stelle zurückkommen würden, etwa die Lärmschutzwand zu überklettern. Fehlanzeige, eher nicht!

Im Anschluss machten wir uns wieder auf den Weg, die Abfahrt nach oben und die Fahrbahn entlang.

Wir malten weiter. Uns fehlte nicht mehr viel. Auf einmal kam wieder ein Auto. Diesmal mit sehr hellem Licht auf der Gegenfahrbahn vorbeigefahren. Wir duckten uns weg, einer blickte noch in das Licht von dem Auto und sah auf diesem eine Sirenenleiste.

‚COPS!'

Und da rannten wir auch schon wieder los. Zurück zum Ausgangspunkt ins Gebüsch.

Ich musste beim zurücksprinten über die Schnellstraße vor lauter Anstrengung würgen. Derweil kamen uns auch noch Autos entgegen, woraufhin wir zwischendurch, immer wieder über die Leitplanke springen mussten, um uns zu verstecken. Es schnauften mittlerweile alle Beteiligten. Wir besprachen uns und holten ein paar Minuten Luft. Es wurde das Überklettern der Lärmschutzwand wieder angesprochen. Einer von uns ging auf Erkundungstour und hielt Ausschau, wie und ob es möglich wäre, sich den Weg über die Schnellstraße zu sparen.

Es erwies sich doch als möglich und wir entschieden für die letzten fehlenden Akzente auf unserem Bild irgendwie über die Mauer zu gelangen.

Max gab uns mit seinen Händen eine Räuberleiter und so überwindeten wir die Lärmschutzmauer, deren Rückwand sich mitten in einem Gebüsch befand. Wir landeten an der Schnellstraße, in unmittelbarer Nähe unseres Bildes. Max blieb hinter der Wand, warf mir noch meinen Beutel mit den Dosen darüber und schlich sich anschließend schon einmal zurück zum Auto.

Wir vollendeten das Bild und rannten ebenfalls in Richtung Ausfahrt und Auto. Als wir an jenem ankamen, hatte ich so ein Würgereiz, dass ich dachte, ich muss mein letztes Essen vom frühen Abend jeden Moment im Gebüsch platzieren.

Es war eine verrückte, lange Nacht. Für ein vielleicht zehnminütiges Piece (= Graffitibild) benötigten wir nahezu drei Stunden.

Es befindet sich noch heute an Ort und Stelle.

Kapitel 8 – Gaunerei in der Schulzeit

Durch meine Schulzeit glitt ich mit mehr Glück als Verstand Richtung Ziel und so errang ich meine mittlere Reife auf Anhieb.

Meinen Kumpel Nic hatte es in der 7. Jahrgangstufe erwischt und daher war er ab dem Zeitpunkt nicht mehr in meiner Klasse. Er hatte die nächsthöhere Klasse nicht erreicht, was vor allem anfangs ein echter Verlust in unseren Tischreihen bedeutete.

Ich habe es auf wunderliche Weise geschafft, keine Jahrgangstufe wiederholen zu müssen und konnte mich jedes Jahr mal mit mehr, mal mit weniger Glück vor einem Sitzenbleiben bewahren.

Allerdings wäre ich ohne, vor allem eine bestimmte Mitschülerin, nicht durch die letzten drei Klassenjahre gekommen.

Hannah, auch hier nochmal ein herzliches Danke! Und Glückwunsch, du hast es in mein selbst geschriebenes Buch geschafft.

Sie half mir durch viele schulische Herausforderungen. Ob es Hefteinträge waren, die sie mir zuhauf auf mein Telefon schickte…

Ich hatte nie die Einträge, die man für Ausfragen, Schul- und Stehgreifaufgaben benötigte, zur Hand, da ich die Einträge, wenn ich sie überhaupt mitschrieb, auf einen Block schmierte und diese im schwarzen Loch meines Rucksacks versenkte.

…oder aber, ob es während einer Schul- oder Stegreifaufgabe war und sie ihr Blatt Papier mit ihren Lösungen an den Tischaußenrand zu mir schob und ich demnach vom benachbarten Tisch rosige Aussichten hatte. Dadurch konnte ich meinen Test aufpimpen, um ihn doch noch in den Bereich der Note drei bis vier zu bringen.

Hannah hatte jedes Jahr einen 1 Komma Schnitt und war zu jeder Zeit mit den richtigen Antworten auf die richtigen Fragen gewappnet.

Ich hatte leider nicht allzu viel Zeit, die Lösungen so schön auf dem Serviertablett zu genießen, denn unsere Lehrer waren auf Zack und es kamen flott Wortmeldungen wie:

‚Hannah, bitte dreh dein Blatt um, wenn du fertig bist'

‚Wenn ihr fertig seid, bringt den Test bitte nach vorne und geht schon einmal in die Pause'

Wie ich diese Aussagen verachtete, Da war die Lösung auf dem Teller serviert worden und der Typ, der da vorne mit achtsamen Blick stand und mir wohl nichts zu gönnen schien, versaute mir das kleine Klausurtuning.

Es waren noch zwei, drei Jungs in meiner Klasse, die meine Strategien teilten und auch auf Punktejagd bei Prüfungen gingen. Manchmal lief es auch so ab, dass einer während der Prüfung mit seinem Handy ein Foto von Hannahs Lösungen schoss und dieses Foto anschließend in den Klassenchat schickte. Wir lauerten mit unseren Handys im Schritt liegend, bis das Bild ankam, spreizten daraufhin unsere Beine und schrieben ihre Lösungen vom Handy ab aufs Blatt.

Bei manch einer Prüfung las ich mir nicht einmal die Fragen durch, sondern wartete nur darauf, bis Hannah die ersten Antworten parat hatte und kopierte sie auf mein Blatt Papier. Ich war extrem lernfaul und nicht interessiert an dem Stoff, den wir in der Schule beigebracht bekommen hatten. Viel lieber wollte ich den vollen Spaß aus dem Leben herauskitzeln.

Auf der anderen Seite machte ich mir das Leben damit nicht leichter, die Schule so schleifen zu lassen. Denn dies beinhaltete einiges an Bauchschmerzen und Kopf zerbrechen. Woche für Woche hatte ich damit zu kämpfen, mir den Erfolg in meiner Schullaufbahn zu ergaunern und zu erschummeln.

Auf die abschließenden Abschlussprüfungen lernte ich verhältnismäßig viel und so gelang mir in Mathematik ohne Schummelei die Note 2.

Das war das absolute Highlight meines Abschlusszeugnisses. Dagegen hatte ich in Englisch und Betriebswirtschaftslehre die Note 5 bekommen und stand daher in beiden Fächern auf einer mangelhaften Note.

Da zwei Fünfen in Hauptfächern eigentlich bedeuteten, die Jahrgansstufe wiederholen zu müssen, bekam ich die Tage nach Bekanntgabe der Noten ordentlich Herzflattern. Dieses hielt so lange an, bis ich in der Turnhalle aufgerufen wurde, um mein Abschlusszeugnis entgegenzunehmen.

Eine dicke Schicht Last wurde mir von meinen Schultern genommen. Ich konnte nachts teilweise nicht schlafen, weil ich so sehr auf der Kippe und mein Bestehen, mein Abschluss infrage stand.

Es gab da diese eine Regel eines Notenausgleichs. Diese besagte, wenn man eine Eins im Zeugnis hätte, könne man zwei Fünfen damit ausgleichen und hätte es geschafft. Da ich in Informationslehre, IT, die Note 1 hatte und so die beiden mangelhaften Noten in den Hauptfächern ausgleichen konnte, bestand ich meine mittlere Reife letztendlich doch auf den ersten Versuch.

Kapitel 9 - Meteoritenschlag

Ich versuchte mich nach meinem Abschluss an einer Ausbildung als Großhandelskaufmann bei einem der führenden Elektrogroßhandelsunternehmen.

Unser Verein befand sich am Saisonende auf Platz 5. Er hatte sich einen direkten Startplatz in der Europa League gesichert. Ein denkbar ungünstiger Zeitpunkt für mich, da ich gerade die Ausbildung begann und erst wenige Wochen dort, noch in der Probezeit, arbeitete.
In demselben Monat meines Ausbildungsstartes fand jedoch auch das erste Gruppenspiel in Spanien statt. Das erste Mal auswärts unter Palmen am Meer zu erleben, wollte ich unter keinen Umständen verpassen.

Da ich donnerstags Berufsschule hatte und man dort nicht einfach Urlaub nehmen konnte, sondern Anwesenheitspflicht herrschte, musste ich mir, wenn ich zu den Spielen mitfahren wollte, die ebenfalls immer donnerstags stattfanden, immer einen Krankenschein holen. Ich überlegte tagelang und hielt mir die Tür zu einem Flugticket und der Eintrittskarte lange offen. Zu schmerzhaft war der Gedanke daran, mir selbst einzugestehen, nicht mitfahren zu können bei diesem doch historischen ersten Spiel auf europäischer Ebene. Letztlich musste ich entscheiden, ob ich einen traumhaft guten Ausbildungsplatz in einer großen, erfolgreichen Firma schon in der zweiten Woche aufs Spiel setzen wollen würde.

War es mir das wert?

Mit meinem Abschluss würde ich so eine Stelle nicht noch einmal bekommen. So entschied ich mich dagegen und fand mich mit dem Gedanken ab, dieses Spiel sausen zu lassen und brav zuhause zu verweilen.

Max hingegen wartete noch auf den Beginn seines Studiums und plante voller Euphorie seine Fahrt in Richtung Norden Spaniens. Mit weiteren Jungs organisierte er sich einen 9-Sitzer und fuhr demnach quer durch Frankreich bis nach Spanien.

Mir kamen Bilder zu, worauf die Jungs allesamt im Meer badeten und unsere Stadtfahne darin hissten. Wir waren auf der internationalen Bühne angekommen.

Ich hatte mich im Nachhinein schnell damit abgefunden, nicht mitfahren zu können und zog mich mental daran hoch, dass ich zur Abwechslung mal keinen Stress provozierte und mich nicht aus dem Alltag entzog, sondern mich meinen Pflichten und Aufgaben stellte.

Das Spiel ging zwar mit einem 1:3 verloren, aber dadurch, dass man im Fernsehen über 90 Minuten lautstark unsere mitgereisten Fans hörte, machte das den Spielstand schnell vergessen. Daraufhin war ich auf die Geschichten gespannt, die mich von den Mitreisenden erwarteten.

Max meinte im Nachgang, dass diese Tage die schönsten Tage seines Lebens gewesen seien.

Die Woche darauf stand eine englische Woche an. Eines von den Fans kritisch gesehenes, aber typisches Ligaspiel unter der Woche. An einem Mittwoch, welches wir auswärts in Nordrhein-Westfalen bestreiten sollten. Ich wollte als Ausgleich zu dem verpassten Europokalspiel wenigstens dorthin mitfahren. Also beantragte ich bei meinem Chef einen Tag Urlaub und sicherte mir einen Platz im Auto meines zukünftigen Mitbewohners Dani, mit dem ich eine Wohngemeinschaft in Planung hatte.

Max hatte sich ebenfalls einen Platz gesichert und so freute ich mich wenigstens auf eine coole Fahrt, die das Loch des verpassten Spiels in Spanien stopfen sollte.

Allerdings hatte ich die Rechnung ohne meinen Chef gemacht, denn dieser strich mir meinen Plan mit dem Urlaubstag einen Tag vor dem Spiel.
Das musste ich so hinnehmen, auch wenn ich sehr darunter litt erneut passen zu müssen und das nächste Spiel zu verpassen. Aber schließlich war ich nun in der Arbeitswelt angelangt und konnte mich nicht mehr so leicht aus der Affäre ziehen, wenn ich diese Stelle behalten wollte.

So fuhr mein Umfeld nach Nordrhein-Westfalen und ich saß an meinem Büroplatz und erledigte Aufgaben, die mir von Vorgesetzten zugeteilt wurden.

Am Abend nach Feierabend traf ich mich mit einer Handvoll an Leuten, die ebenfalls verhindert waren mitzufahren. Wir verfolgten das Spiel in der heimischen Innenstadt und sahen eine 2:4 Niederlage. Daraufhin trennten sich die Wege und ich begab mich auf den Heimweg. Am nächsten Tag stand immerhin um 08:00 Uhr wieder ein Berufsschultag auf dem Programm.

Demnach ging ich relativ zeitig ins Bett und träumte vor mich hin, bis um ca. 05:05 Uhr ein Anruf auf meinem Telefon aufleuchtete, der mich mit tiefstem Schock und einer Art fassungsloser Lähmung bedecken sollte.

‚Bruder, es ist etwas ganz Schlimmes passiert, es gab einen Unfall bei den Zurückfahrenden aus NRW. Zwei Jungs sind dabei gestorben und einer schwebt in Lebensgefahr.'

Zu diesem Zeitpunkt blieb meine Welt stehen und ich befand mich in einer Art Trance. Ich konnte nicht glauben, was mir da gerade am Telefon erzählt wurde.

Ich ließ diese erdrückende Nachricht eine Zeit lang sacken, zog mich anschließend an, nahm meinen Stoffbeutel, der meine Schultasche darstellte und lief Richtung Straßenbahnhaltestelle.

An der Haltestelle und in der Straßenbahn schritt der normale Alltag voran. Menschen eilten zu ihrem Bus, waren teilweise gestresst, zu spät dran oder irrten hektisch umher. Ich saß lediglich da und alles, was nebenbei geschah, strich an mir vorbei. Das Leben zog an mir vorbei, meine Welt war stillgestanden. Ich hatte nur die Worte im Kopf, die mir da am Telefon vermittelt wurden. In meinem Gesicht, dass mit einem leeren, durchfrosteten Blick dominiert wurde, rollten mit jeder Haltestelle, die die Straßenbahn voranschritt, immer mehr Tränen von den Augen hinab. Auf dem Weg von der Haltestelle zur Schule traf ich einen guten Freund, Emir, mit dem ich schon in der Realschule in einer Klasse war und mit dem ich das Glück teilte in der Berufsschule wieder in derselben Klasse gelandet zu sein.

Ich lief eine Zeit lang wortlos neben ihm her. Emir merkte mir schnell an, dass mit mir etwas nicht stimmen konnte. Er fragte mich, was los sei und ich erzählte ihm noch auf dem Weg zur Schule, dass wohl zwei meiner Freunde bei einem Autounfall verunglückt waren und ich noch nicht mehr Informationen habe. Er konnte nicht glauben, was ich ihm da erzähle.

Keine Ahnung weshalb, aber in meinem gelähmten Schockzustand, wischte ich mir die Tränen aus dem Gesicht und ging weiter in Richtung Berufsschule.
Meine Arbeitskollegin, welche auch in meiner Berufsschulklasse war, saß vor mir. Ich starrte auf ihren Hinterkopf und war mit den Gedanken nur bei dem Telefonat von heute früh. Da drehte sie sich plötzlich um, sah meinen Blick und fragte besorgt: ‚Mensch Alex, was ist denn los? Erzähl mal!'

Mir kullerte im gleichen Moment sofort eine Träne hinunter und ich blickte sie mit glasigen Augen an. Emir, der neben mir saß, half mir ihr klarzumachen, was in meiner Welt gerade geschehen war.

Meine Tränen wurden mehr. Ich stand mitten im Unterricht noch in der ersten Stunde auf, nahm meinen Beutel und ging zur Tür. Währenddessen sah ich meine Lehrerin an und gab ihr ein Handzeichen, dass sie mir bitte kurz folgen müsse. Wir gingen zusammen vor die Tür und sie fragte bestürzt, was denn mit mir los sei.

‚Ich habe gerade zwei Freunde bei einem Autounfall verloren.'

Nach diesem Satz kullerte ein Vielfaches an Tränen meine Backen abwärts. Die Lehrerin sprach ihr Beileid aus und sagte, dass ich mich nun aus der Schule bewegen und nach Hause oder zu einem Freund fahren solle. Ich sammelte mich vor dem Schulgelände und überlegte.

Meine Gedanken waren ein einziger Tornado, der in höchster Geschwindigkeit alle Gefühle und jeden Verstand in mir herumwirbelte. Ich wusste nicht, an was ich denken sollte. In so einem freiem Fall, lässt sich im ersten Moment selten ein Ast zum Festhalten finden. Man fällt bis zu einem Punkt gnadenlos.

Ich rief den Kumpel an, der mich um 05:05 Uhr mit der Schocknachricht weckte und sagte, dass ich gerade von der Berufsschule befreit worden bin. Er meinte, ich soll zu ihm in die WG kommen, in welcher weitere Jungs der Ultras wohnten.

Ich hatte einen Laufweg von vielleicht 15 Minuten von der Schule zur besagten WG. Ich sammelte mich und lief diesen Weg durch die Innenstadt in die WG, von dem ich Dir, als Leser, nichts erzählen kann. Diesen Weg ging ich ohne mich.

In der WG angekommen, saßen schon mehr als zehn weitere Personen im Wohnzimmer und mir wurde klar, dass dies gerade kein Traum war, sondern der absolute Ernst des Lebens.

Wem war was passiert, ist heute Nacht wirklich jemand von uns gegangen?

Wir hatten bis ungefähr 10:30 Uhr keine Angaben, wem genau was passiert war. Sondern lediglich die Meldung, dass zwei Menschen bei dem Unfall starben, einer in Lebensgefahr schwebte und sich die restlichen beiden Mitinsassen außerhalb dessen befinden würden.

Der Unfall war mit dem Auto geschehen, bei dem ich zwei Tage vor Abfahrt noch mitfahren wollte und in welches ich eingeplant gewesen wäre.

Ich dachte als Erstes an Max, weiter an die restliche Autobesatzung. Und uns allen wurde klar: Egal, welche Nachricht, welche Namen fallen würden, es würde uns allen das Herz und Genick brechen.

Als ersten Namen, der dieses Unglück nicht überlebte, fiel der Name Max in den Raum.

Mein Bruder aus der Nachbarschaft, mit dem ich seit klein auf so viel erlebte, sollte auf einmal nicht mehr da sein? Ich konnte dieser Nachricht keinerlei Glauben schenken.

Die WG füllte sich von Stunde zu Stunde. Nach einer Zeit waren mindestens 40 Personen in der Wohnung, die sich gegenseitig das Beileid aussprachen, reglos auf dem Sofa saßen, weinten oder mit leerem Blick in die zwei brennenden Kerzen auf dem Couchtisch blickten und vor Fassungslosigkeit strotzten.

Es kamen immer mehr Informationen durch.
Das machte die Situation nicht besser. Es war ein Abgrund, der keinen Boden sah. Das Leben zeigte sich von seiner bösartigsten, erbarmungslosen Seite.

Bei solch einem Ereignis
sterben mehr Menschen(-seelen)
als auf dem Papier widergespiegelt werden kann.

Der zweite Name fiel, Dani. Er hatte den Unfall eben-falls nicht überlebt.

Stille. Tränen vergießen. Leidvoll, bestürzte Trauer.

Wir hatten zwei unserer Mitglieder, Brüder und Freunde verloren. Max & Dani. Es war nicht zu glauben. Ich konnte es nicht glauben.
Die ganzen erlebnisreichen, geistigen Erinnerungen mit den beiden schossen mir durch den Kopf. Zwei Menschen, die ehrlicher, aufrichtiger und gerader nicht hätten sein können, wurden ohne Skrupel aus ihrem und auch aus unseren Leben gerissen.

‚Simon liegt im künstlichen Koma und hat wohl schwere Kopfverletzungen erlitten'

Dies war direkt die nächste Hiobsbotschaft. Simon ist ebenfalls ein bekanntes Gesicht in unserer Fußball-szene. Dieser Junge saß im Auto an einem Platz, an welchem man beim Anblick des Unfallautos niemals hätte erahnen können, dass wenn da jemand saß, er es überlebt haben könnte.

Und dennoch hatte Simon überlebt. Sein Körper und er selbst haben nicht aufgegeben zu kämpfen!

Gegen 15:00 Uhr saß ich am Tisch. Im Stillen. In dem mit Trauer gehülltem Wohnzimmer. Um mich herum Leute, die verzweifelt auf Stühlen, dem Sofa oder teilweise auch am Boden saßen. Ich hielt dieser Stille nicht mehr stand und wollte ihr für einen Moment entfliehen. Daraufhin spielte ich in einem leisen, gedämpften Ton ein Lied ab. Allein die Melodie zu Beginn des Liedes ließen mich losgelöst in eine offengelegte Trauer versinken.

Es war das Lied ‚Kosmos' von dem Frankfurter Musikkünstler und Rapper Vega, welches er für seinen damals verunglückten Freund und ebenfalls Ultra, Ali B., verfasste.

Max hatte dieses Lied geliebt. Ob beim Autofahren, Radfahren oder auf dem Fußweg zur Schule. Dieses Lied erklang oft in seinen Ohren. Er fand die Emotionen, die Vega dort in seine Zeilen packte, sehr mitreißend. Mir half dieses Lied sehr durch diese schwere Zeit. Mit diesem Lied bin ich in den ersten Wochen morgens aufgestanden und abends schlafen gegangen. Mit diesem Lied konnte ich endlich loslassen und der Trauer freien Lauf lassen.

Auch heute kommen mir beim Abspielen dieses Liedes noch immer Tränen.

Ich habe auf diesem Lied einen Teil meiner Trauer abgelegt, die, wenn ich es abspiele, wieder zum Vorschein kommt und mir die Gefühle zeigt, die ich damals fühlen musste.

Dann kam etwas Leben in manche Köpfe der Anwesenden. Was machen wir wegen ihren Eltern?

Sie allein zu lassen, war keine Option. So entschieden ein Freund, ebenfalls Mitglied unserer Gruppe und damals bester Freund von Dani, und ich, uns auf den Weg zu Danis Eltern zu machen.

Aus der WG hinaus, im Auto angekommen, sprudelten die Gedanken in mir auch schon los.

Ich soll jetzt zu den Eltern, die gerade ihren Sohn verloren haben und ihnen dabei in die Augen sehen?

Wie soll ich sie trösten, wenn ich selbst so innerlich zerstört bin?

Was müssen sie für Gefühle erleiden, wenn es mich, als Freund, schon so traf?

Würden sie mich überhaupt sehen wollen? Immerhin ist ihr Sohn bei der Rückfahrt einer Auswärtsfahrt gestorben.

Ich war in einem Zustand, den ich nicht beschreiben könnte.

Wir parkten am Straßenrand vor dem Haus. Als wir auf den Hof liefen, kamen uns die Eltern schon entgegen.

Wir kamen aufeinander zu, sahen uns in die Augen und schlossen uns in die Arme. Viele Worte fielen währenddessen nicht.

Alle vorherigen Gedanken aus dem Auto lösten sich in Luft auf. Füreinander da sein war alles, was in diesem Moment noch einen Wert hatte. Es war gut und wichtig den Schritt gemacht zu haben und hinzufahren. Zu zeigen, dass man da ist, auch im denkbar schlimmsten Moment.

Wir blieben nicht allzu lange dort und machten uns wieder auf den Rückweg.

Die Eltern von Max besuchte ich am darauffolgenden Tag mit drei weiteren Ultras.

Wir saßen zusammen am Esstisch. Ein kleiner Kuchen mit zwei Kerzen in Form von Zahlen befand sich in der Mitte des Tisches.

Wir ehrten den Geburtstag von Max. Es war ein unfassbares Gefühl. Mit den Eltern am Tag nach dem Unfall an einem Tisch zu sitzen, seinen Tod und Geburtstag, samt eines kleinen Kuchens mit Kerzen darauf, die sein neues Lebensjahr widerspiegelten, direkt nebeneinander vor mir zu sehen.

Wir saßen beisammen und erzählten uns Geschichten über unseren Max. Da Max in der Kindheit oft bei mir übernachtete oder zumindest bis zum Essen blieb, hatte sein Vater mal eines Tages zu meiner Mutter mit lächelndem Grinsen gesagt: ‚Du, soll ich dir eigentlich mal das Kindergeld für unseren Max überweisen? So oft wie er bei euch haust und mitisst.'

Das sind Erinnerungen, die ich noch bildlich vor mir habe und denen ich unglaublich dankbar bin, dass es sie gibt und sie mir bis heute tief im Gedächtnis sitzen. An der ein oder anderen Stelle beim Erzählen der Geschichten überkam sogar den Eltern ein leichtes Schmunzeln. Wir gaben dem Geburtstag von Max einen würdigen Rahmen und es war auch sehr wichtig für mich. An diesem Tag, an diesem Tisch gesessen zu sein!

Ich hatte mich innerhalb zweier Tage beiden Elternteile der Jungs gestellt und sie besucht. Es war für meine zerbrochene Seele ein kleiner Lichtblick. Immerhin wurde mir klar, dass die Eltern keinen Hass auf uns lenkten, sondern auch hier der Zusammenhalt spürbar war und sie dankbar waren, dass wir da waren und uns zeigten.

Nachdem wir also am Tag des Geschehens bei den Eltern von Dani gewesen sind, machten wir uns im Anschluss auf Richtung Stadion. Dort hatten wir einen Treffpunkt vereinbart, um alle, die an diesem Tag trauerten, zusammenzubringen und gemeinsam den beiden einen würdigen Abschied zu gewähren und die Trauer auf unserer Tribüne zu teilen.

Wir setzten uns in unseren Block und blickten auf das leere Stadion. Es kamen immer mehr Menschen dazu und es tat gut sie Alle zu sehen, um gemeinsam dieses Leid zu durchleben.

Es war zu schwer, um allein damit zurecht zu kommen. Dieses Leid hatte eine unglaubliche Wucht. Im falschen Moment allein zog es dich durch einen Sumpf in den Abgrund.

So hatte ich Leute um mich, die dasselbe Leid spürten. Dieselbe Trauer. Dieselbe Wehmut. Dieselben leeren Gedanken. Das half mir. Der Zusammenhalt in unseren Reihen war den ganzen Tag schon spürbar und dieses Sammeln und Treffen der kompletten trauernden Szene im Stadion setzte dem Ganzen ein Ausrufezeichen dahinter.

Wir halten zusammen! Einer für alle, Alle für einen!

II. Randnotiz

An diesem Punkt braucht mein Kopf eine Auszeit, um weiter von diesem schweren Vorfall zu berichten.

Gerade sitze ich hier. In meinem WG-Zimmer im Textilviertel. Auf dem Bett mit meinem Laptop. Im Fernseher vor mir laufen die olympischen Spiele in Tokio.

Die letzten Zeilen entstanden durch eine tiefe innere Stimme in mir. Ich provozierte mich und meinen Kopf, indem ich das Lied *Kosmos* - von Vega in Dauerschleife beim Schreiben der Zeilen laufen ließ.
Diese Zeilen sind echt. Ich hoffe, man spürt diese Echtheit genauso wie ich sie auf diesen letzten Seiten vermitteln wollte, denn sie bedeuten mir sehr viel.

Ich danke jedem Leser, der mich schon bis zu dieser Seite begleitet hat.

Ich schreibe diese Zeilen, um mich etwas zu befreien. Die letzten Zeilen waren wahrlich kein Zuckerschlecken. Es fühlte sich etwa so an, als hätte ich mich die letzten Tage selbst psychisch ausgequetscht, sodass ich eine gewisse Leere, eine Freiheit in mir fühle.

Kapitel 10 – Die Wochen danach

Der Unfall war Mittwochnacht geschehen und am Samstag darauf folgte ein Heimspiel. Bei diesem organisierten wir einen Trauermarsch.

Vor dem Stadion wurde eine weitläufige Trauerstelle eingerichtet. An dieser legten jegliche Stadionbesucher und Fans Blumen, Schals, Bilder oder andere Erinnerungsstücke nieder. Ich verweilte auch in den folgenden Wochen stundenlang dort. Es wurde zu einer Art Ritual, dass ich hier mindestens einmal am Tag vorbeikomme und Kerzen, die dort standen und ausgegangen waren, wieder anzündete. Oft waren ein, zwei weitere Personen anwesend, die das Gleiche taten. Manchmal saß ich aber auch allein dort. Dieser Ort tat mir sehr gut. Ich setzte mich davor, schaute in das Lichtermeer und die Bilder, auf denen die Jungs zu sehen waren, und schwelgte in der Vergangenheit.

Der Trauermarsch startete drei Kilometer entfernt vom Stadion. Es waren einige große, schöne Blumenkränze organisiert worden. Und vor allem wurden es immer mehr Menschen, die an dem Gedenkmarsch Anteil nahmen.
Wir stellten uns in Richtung der Kränze und den beiden Bildern, auf denen Max & Dani zu sehen waren, auf und absolvierten eine Trauerminute. Nahezu alle Anwesenden waren in schwarz erschienen und so gab das Ganze ein schmerzerfülltes Bild ab.

Nach der Gedenkminute liefen wir los. Die großen Blumenkränze liefen, von ein paar Jungs getragen, mit den Bildern der zwei, die von zwei Angehörigen getragen wurden, voran. Dahinter ein Mob von gut 500 Personen, die allesamt Max & Dani die Ehre erwiesen und diesen Weg des Abschieds und der Trauer zusammen in Richtung Stadion gingen.

Am Stadion angekommen, war ich emotional an meinem Höhepunkt angelangt. Ich stand bei der Gedenkstätte und die Tränen flossen am Fließband. Es trieb mich bis an die Spitze von Trauer und Leid, die ich je in meinem Leben zu spüren bekommen hatte. Viele bekannte Gesichter um mich herum, denen man ebenfalls ihren Kummer ansah.

Das Kerzenmeer, die zwei Namen auf einem Banner am angrenzenden Zaun. Es war prädestiniert dafür, seiner Verzweiflung, dem Schmerz und Kummer den Weg zu öffnen, sich vollkommen zu entfalten.

Es sollte der emotionalste Tag meines Lebens werden. Gleichzeitig auch der Wichtigste, um dieses schwere Leid weiter verarbeiten zu können.

Nach langem Verweilen an der Gedenkstätte ging ich ins Stadioninnere. Mir wurde kurz bewusst, dass da drin heute noch ein Spiel stattfinden würde. In unserem Block wurde der Bereich, in dem wir normal standen, mit einem schwarzen Stoff abgedeckt, Kerzen daraufgestellt und ebenfalls auch wieder Bilder unserer verstorbenen Brüder platziert.

Vor den Blöcken wurden drei verschiedene Din-A4 Zettel verteilt, auf denen zum einen Genesungswünsche an die zwei körperlich weitestgehend unversehrten Jungs gerichtet wurden. Auf dem Dritten stand:

– Kämpfen und Siegen, Simon! –

Diese Zettel wurden beim Einlaufen der Mannschaften in die Höhe gehalten. Noch vor dem Einlaufen der beiden Mannschaften hielten die Eltern von Dani eine unglaubliche Stadionrede, während sie mit einem Mikrofon in unseren Reihen standen. Diese Rede wurde mit den folgenden Worten beendet:

,Und wenn es stimmt, dass Ultras niemals sterben, dann zeigt uns das dadurch, dass ihr Max und Dani niemals vergessen werdet.
Ultras sterben nie!
Ultras forever!'

Diese Worte hatten so ein enormes Gewicht und waren so von Stärke geprägt. Sich drei Tage nach dem Unfall ihres Sohnes mit diesen Worten an 30.000 Zuschauer zu richten, hatte so eine unfassbare Größe und ein hohes Maß an Respekt verdient.

Daraufhin hielten auch die beiden Mannschaften auf dem Rasen eine Schweigeminute.

Zum Spielstart fing man auf den Rängen einen melodisch einfachen Gesang an, der sich auf das ganze Stadion ausweitete und mit jeder Wiederholung mehr und mehr unter die Haut ging.

Während der Gesang angestimmt und die Schals dabei in die Luft gestreckt wurden, vermummte ich mich in der Menge vom Stehblock, trat anschließend aus dieser Menge wieder heraus und ging die Treppen hinunter, an dem schwarz ausgelegten Tuch samt Kerzen vorbei und positionierte mich am untersten Ende dessen. Ich hatte eine Seenotfackel in meiner Hand und ein weiteres Mitglied, der beste Freund von Dani, mit dem ich am Tag des Unfalls auch bei den Eltern war, stellte sich neben mir auf.
Wir begannen auf dieses gehaucht gesungene, melodische Lied, das vom Stadion getragen wurde, unsere zwei Fackeln zu entflammen und sie in den Himmel zu richten.

Die Fackeln spiegelten das Licht von Max & Dani wider. Diese Situation fühlte sich unbeschreiblich an und ich war wieder in einer Art Trance. Die Tränen flossen in die Sturmhaube. Ich zitterte am ganzen Körper und sang dieses immer tragischer werdende Lied mit. Ich schrie es aus mir heraus, während die Fackel in meiner Hand loderte.

Unsere Tribüne ergab durch das Meer aus Schals und das Funkeln der Bengalen ein schlichtes, aber zugleich tragisch trauerndes Bild ab. Wir hatten es geschafft. Wir hatten diesen Anlass so verbildlicht wie wir uns fühlten und zeigten dies nach außen in die weite Welt.

Ein Mitglied unserer Gruppe hielt sich während dieses Vorfalls aufgrund seines Studiums auf Bali auf. Er sah einen Tag nach diesem Spieltag auf der Toilette einer Lokalität eine deutschsprachige Zeitung hängen. Auf der Titelseite dieser Zeitung war das Cover dieses Buches abgedruckt. In diesem Moment kam diese mehrere tausend Kilometer entfernte Trauer bei ihm an.

Wir sangen das Lied, welches im Stadion von Tausenden mitgehaucht wurde, auch nach Abklingen der Bengalen noch mindestens bis zur 20. Spielminute weiter.

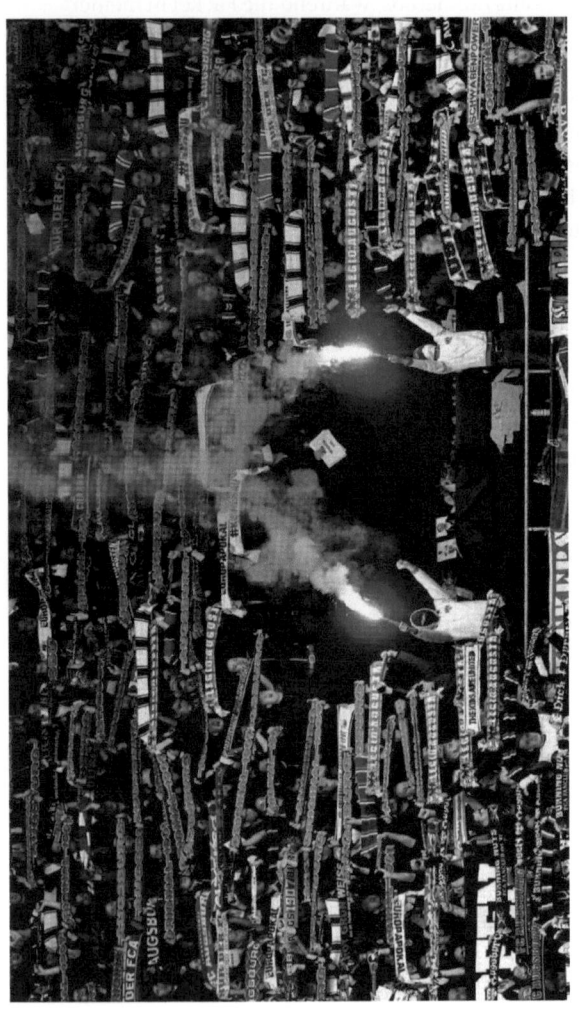

Ich bin bis heute dankbar, dass auch die neutralen Stadionbesucher den beiden Jungs, Max & Dani diesen Tag im Stadion erwiesen, ihre Stimme schenkten, ihre Schals für die beiden lüfteten und einfach anwesend und mitfühlend waren. Das hat mir in dem Moment sehr viel gegeben. Wieder war ein enormer Zusammenhalt spürbar, der in diesen Tagen immer noch stärker werden würde.

Das Spiel lief nebenbei und ohne jetzt nachgucken zu müssen, könnte ich nicht sagen, mit welchem Ergebnis dieses Spiel endete. Es war schlichtweg unwichtig. Heute zählte nur eines, Max & Dani zu ehren, Simon den Kampf zuzusprechen, ihm Kraft ins Koma zu schicken und den anderen beiden eine weitestgehend schnelle und gute Besserung und Genesung zu wünschen.

Am Ende zählt im Leben nur eines, die Gesundheit. Ohne Gesundheit wird uns in unserem Leben sehr schnell der Boden weggerissen. Ohne Gesundheit sind wir nichts. Allerdings ist Gesundheit nicht beschränkt auf das Körperliche. Die geistige, psychische Gesundheit ist mindestens genauso erforderlich, um von einem gesunden Leben sprechen zu können. Denn wenn die psychische Gesundheit fehlt, ist es nur eine Frage der Zeit, bis die Fassade, der Körper, ebenfalls anfängt zu zerbröckeln.

Nach dem Spiel blieben wir noch eine lange Zeit im Block. Eine Fahne in serbischen Farben wurde ausgebreitet, welche einem der zwei Jungs, die sich körperlich nur leicht verletzten, gewidmet war. Wir sangen das melodisch langsame Lied vom Spielstart wieder und es wurden für die drei Jungs, die dieses schwere

Unglück überlebten, nochmals Fackeln in die Luft gehalten.

Am Montag darauf setzte es bei vielen von uns einen Schalter um. Wir hatten genug von Tränen vergießen und Trübsal blasen. Wir wollten aktiv werden, uns etwas widmen. Für unsere beiden Jungs!

Unser erstes Europapokalspiel im heimischen Stadion sollte folgen. Wir planten die Wochen und Monate davor an einer Choreografie für das erste Heimspiel auf dieser internationalen Bühne. Max & Dani waren dabei die, die sich hauptsächlich um den Ablauf und das Malen der Choreografie kümmerten und mit vollem Elan dahinterstanden.

Nun wurden uns die zwei Jungs genommen. Die Choreografie lag seit Tagen herum und das Spiel rückte immer näher. Es schien unmöglich, diese Choreografie noch pünktlich zu vollbringen.

Ab besagtem Montag ging es in meinem Leben von 09:00 – 20:00 Uhr nur darum, dieses Projekt, diese Choreografie fertig zu bekommen.
Dieses Projekt, welches unsere Brüder unserer Mannschaft und dem Stadion so sehr präsentieren wollten. Daraufhin holte ich mir zunächst einen Krankenschein für zwei Wochen.

Ich war zu jener Zeit gerade einmal drei Wochen in dieser Ausbildung und nun rammte mir das Leben einen solchen Speer in die Brust. Ich konnte nicht einmal daran denken, mich jetzt in ein Büro zu setzen und normal im Alltag zu versinken. Der Gedanke daran widerte mich an und schien mir schier unmenschlich.

Jeden Tag trafen wir uns zu Etlichen und malten an dieser Choreografie. Eine werte Dame aus dem Fanprojekt hatte ein Auge auf uns genommen und versorgte uns mit Getränken und Essen, da zumindest ich in dieser Zeit keinen Hunger oder Durst verspürte, sondern lediglich an der Fertigstellung dieses Projekts interessiert war. An diesen Tagen war ich zu einer Maschine mutiert, die gestartet wurde, um etwas zu Ende zu bringen. Für Max & Dani, unsere Brüder!

Am Mittwochnachmittag, ein Tag vor dem Spiel, waren wir so weit, zu sagen, die Choreografie könne stattfinden. Ein großer Stein fiel mir vom Herzen. Sie wurde vollbracht. Das Unmögliche wurde möglich gemacht.

Das Malen und Sprayen der großen Blockfahne war auch eine Art Therapie. Die ersten Tage trauerte ich durch Tränen und Fassungslosigkeit. Die Tage darauf nun waren eine andere Art. Ich malte mir mit den anderen den Frust aus dem Kopf und der Seele.

Am Ende bauten wir in das Bild der Choreografie noch die zwei Namen der Jungs ein, um sie auf dieser, gar ihrer Choreo zu verewigen.

Am Abend dann packten wir das große Stück Stoff mit einigen Leuten in einen Sprinter, fuhren es zum Stadion und installierten es einsatzbereit auf unserer Tribüne.

Der nächste Tag begann und ich hatte einen Lichtblick beim Aufwachen. Wir hatten diese *scheiß* Choreografie fertiggestellt und heute Abend werden wir sie dem Stadion, ach was, dem ganzen Kontinent zeigen. Es beflügelte mich. Genau eine Woche nach dem Schockanruf um 05:00 Uhr so aufzuwachen, mit diesem guten Gefühl, das hätte ich mir im Leben nicht vorstellen können.

Der Abend war ein voller Erfolg, die Choreo saß wie eine Eins und die Laune war in gewissem Maße befreit in unseren Reihen und Köpfen. Wir hatten auch die Unterstützung unserer Mannschaft wieder aufgenommen. Einzig und allein diese wurde nicht beflügelt und verlor dieses Spiel 1:3.

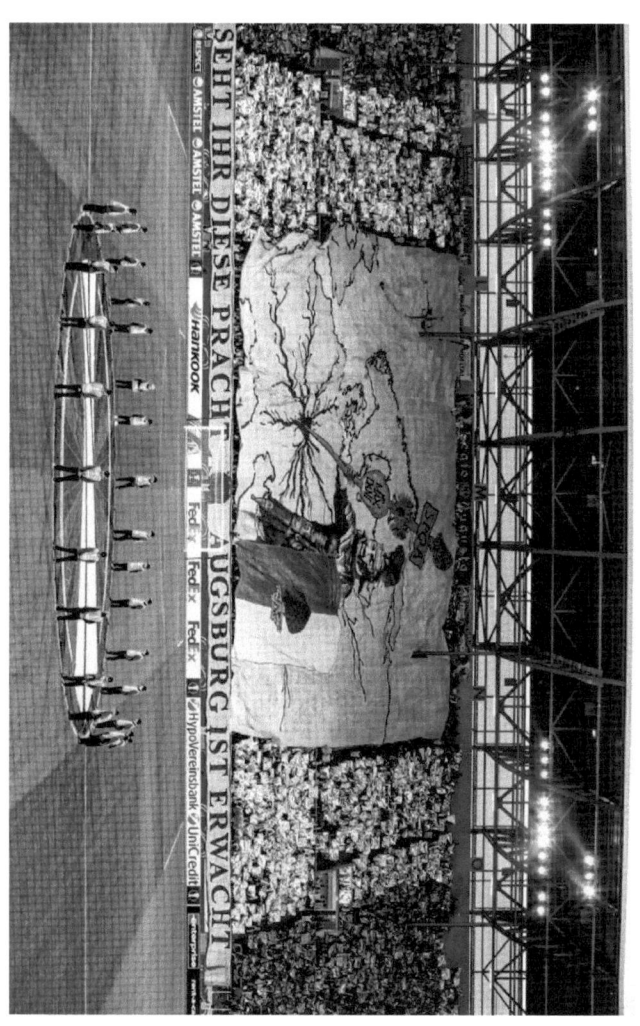

In derselben Woche standen auch noch die Beerdigungen auf dem Programm.

Ich hatte zuvor erst eine Beerdigung erlebt. Die meines Opas, den ich nicht allzu gut kennengelernt hatte. Daher wusste ich nicht, welche Emotionen so eine Beerdigung hervorrufen könnte oder wie nah es einem gehen könnte.

Es stand als Erstes die Beerdigung von Dani an. Die Kapelle platzte aus allen Nähten. Ich war etwas spät gekommen und hörte mir daher die letzten Worte, die der Pfarrer unserem Dani widmete, von außerhalb an.

Als wir zum Grab liefen, wurden ein paar unserer Gruppenmitglieder gefragt, ob sie die letzten Schritte mit Dani gehen wollen – natürlich!
So übernahm eine Abordnung von uns die Ehre, unseren Bruder Dani zu seinem letzten Ort zu tragen und ihn herabzulassen.

Danis Vater, welcher diese letzten rührenden Worte in der Stadionansprache äußerte, wendete sich an uns und meinte, ob wir nicht dieses melodische Lied aus dem Stadion gehaucht anstimmen könnten.

Und so standen wir da. Alle in unseren weißen Gruppentrainingsjacken. Die einen erwiesen Dani die letzte Ehre und ließen ihn vorsichtig die letzten Meter hinab. Die anderen sangen in gedämpftem Ton dieses Lied.

Mir flossen beim Singen dieses Liedes und beim Anblick, wie der Sarg herabgelassen wurde, die Tränen wieder im Akkord.

Nachdem ich mich eine Woche nach dem Unfall bis hin zur Euphorie hochzog, war ich in diesem Moment nun direkt wieder unten angekommen.

Back to the roots – zurück zum auschlaggebenden Anruf dieses schlimmen Schicksalsschlages.

Einen Tag später stand ich dann da. In der Kapelle, in der gerade Max' letztes Gebet gesprochen wird.
Als Abschiedslied wird das Instrumental von Vega – Kosmos abgespielt. Es war hart, sehr hart! Ich spürte wieder ein tief trauerndes Brodeln in mir.

Aber auch diese Kapelle platzte aus allen Nähten, nicht einmal annähernd alle Anwesenden hatten einen Platz gefunden, viele hörten dem Geschehen in der Kapelle von außerhalb zu.

Es machte mich stolz, sehr stolz. Zu sehen, wie viele Menschen meinem Bruder Max die letzte Ehre erweisen und die letzten Meter mit ihm gehen. Ich war überwältigt, zugleich fassungslos und traurig, weshalb wir uns Alle heute hier versammelten.

Die Gefühle aus den Tagen vor dem Malen kamen wieder zum Vorschein und spätestens als Max in seinem Sarg aus Holz an seinem letzten Ziel angekommen war, wurde mir klar, dass ich meinen Bruder in diesem Leben nicht mehr zu Gesicht bekommen würde. Seine ruhige, zielstrebende Art, seine Stimme, seine üblichen Sprüche, die er so von sich gab. All dies würde ich nicht mehr zu hören und sehen bekommen.

Das ist die bittere Realität. Das ist das Leben.
Mit all seinen Facetten.

Kapitel 11 – Das Leben muss weiter gehen

In den Wochen darauf schleppte ich mich wieder zur Berufsschule und in die Arbeit. Ich musste, schließlich ging es um meine Zukunft. Es fiel mir schwer wieder jeden Morgen aufzustehen und meine Aufgaben und Pflichten zu erfüllen. In der Schule begannen die ersten Tests, auf welche ich, wie schon in meiner Realschulzeit, nicht vorbereitet war und sang und klanglos versagte.

Diesmal hatte es jedoch andere, tiefergreifende Gründe und es geschah nicht aus meiner Faulheit heraus.

In der Arbeit hatte ich nach den ersten zwei Wochen nachdem ich wieder zur Arbeit erschienen war ein Gespräch mit meinem Ausbilder. Meine Noten. Mein Auftreten in der Arbeit. Es war nicht das, was meine Probezeit von mir verlangte. Ich versuchte mich schwer daran, vor meinem Chef die richtigen Worte zu finden, die mein aktuelles Dasein und Handeln begründeten.

Er wusste, was passiert war. Die ganze Stadt hatte mitbekommen, was da passiert war. Dennoch musste mir mein Ausbildungsleiter sagen, ich müsse versuchen, wieder nach vorne zu schauen und meine Zukunft in die Hand nehmen. Es war verdammt schwer, das zu begreifen und es dauerte noch eine Zeit.

Eine Woche später fand unser zweites Auswärtsspiel auf internationalem Terrain statt. Es sollte nach Holland gehen. Es folgt ein reflektiertes Déjà-vu.

Ob ich dahinfahre, obwohl ich Berufsschule habe?

Ich war wieder hin und her gerissen. Bis zum Wochenende vor dem Spiel grübelte ich. Wir hatten an diesem Samstag ein Ligaspiel und einen Treffpunkt dazu ausgerufen. Auf dem Weg zu diesem Treffpunkt ging ich intensiv in mich und fragte mich:

Willst du wirklich solch ein Erlebnis verpassen? Dich dem sogenannten System fügen und brav deinen Pflichten folgen? Oder willst du etwas erleben? Etwas einmaliges. Etwas, an das du dich dein Leben lang erinnern wirst. Deine Lebenszeit ist zeitlich begrenzt.

Das wurde mir nach den letzten Wochen mehr als bewusst.

‚Genieße das Leben und richte dich zunächst nach deinem eigenen Willen, anstatt nach dem eines anderen.'

Ich versuchte mich daran, diese Weisheit mit Leben zu füllen.

Daraufhin lief ich zum Treffpunkt, schnappte mir in der dortigen Kneipe einen Zettel und Stift und schrieb meine anfallenden Kosten für die Reise nach Holland auf.

Im Anschluss ging ich mit dem Zettel in der Hand umher und fragte anwesende Leute mit scherzhaftem Lachen, ob sie mir etwas beigeben möchten, damit ich doch noch mitfahren kann.

Kein Geld der Welt konnte mich aufhalten dort nicht mitzufahren. Es war ein Gag, der mir die ersten nötigen Euros und ein bezahltes Stadionticket bescherte. So trieb ich das restliche Geld in den Folgetagen auf. Ich fand einen Freund, Raphael, der ebenfalls spontan entschlossen war, doch noch nach Holland zum Spiel zu fahren. Daraufhin buchte ich drei Tage vor Abfahrt online unsere Zugtickets.

Hinfahrt Donnerstag

Augs HBF – Alkmaar   99 €
10:03   18:18

Eintrittskarte Stadion + 20 €

Amsterdam 3 Tage   + 300 €
Hotel – Boden – Gratis + 0,00 €

Amsterdam – Dortmund + 34,00 €

Dortmund – Augsburg + 0,00 €

Gesamtbetrag   453 €

↑ ↑ ↑ ↑

SPENDE

Nun musste ich nur noch überlegen, wie ich um 10:03 Uhr am Hauptbahnhof steh und mich gleichzeitig aus der Schule befreie.

Fahre ich ohne in die Schule zu gehen und melde mich krank? Dann bräuchte ich ein Attest eines Arztes von diesem Tag. Das bis um 10:03 Uhr zu organisieren, würde sehr knapp werden.

So traf ich mich am frühen Vormittag an diesem Donnerstag, an dem das Spiel in Holland stattfand, mit Raphael. Ich gab ihm meine Reisetasche ins Auto und ging erst einmal zur Schule in den Unterricht. Nach rund 30 Minuten im Unterricht bekam ich dramatisch schlimme Kopfschmerzen und mir wurde so übel, dass ich den Unterricht verlassen musste.

Ich stolzierte strahlend aus dem Schulgelände, vor dessen Raphael schon im Auto samt unseren Sachen saß. Wir fuhren zum Hauptbahnhof, stellten das Auto in der Nähe ab und begaben uns auf den Weg zum Gleis, auf welchem der Zug abfuhr.

Es war ein Gefühl der absoluten Richtigkeit. Ein Gefühl, das Richtige zu tun. Welche Konsequenzen es auch geben sollte, war mir völlig egal. Ich wollte etwas einmaliges erleben.

Wir kamen kurz nach Anpfiff am Stadion an, Die Stimmung war kaum in Worte zu fassen. Man genoss die neue, noch unbekannte internationale Ebene in seiner Fülle. Eine Mehrheit in unserem Block sang in der Halbzeitpause lautstark Lieder von Reggae Legende Bob Marley mit, welche aus den Stadionlautsprechern erklangen.

Ob es wohl am qualmenden Marihuana in der Luft lag?

Während der Halbzeitpause hatte mir Manko, ebenfalls Mitglied unserer Gruppe, einen Chatverlauf mit einem Freund gezeigt, der gerade Lehramt studierte und deshalb verhindert war ebenfalls mit nach Holland zu reisen. Er saß in der letzten Reihe meines Klassenzimmers als Referendar. Er schoss ein Foto von meinem leeren Platz und schrieb: ‚Wünsch dem Alex eine gute Besserung von mir und viel Spaß euch. ;)'

Nebenbei bemerkt ‚Manko' heißt in Wirklichkeit Marco. Jedoch wurde ich eines Tages dank eines deutschen Comedians über die richtige Aussprache des Namens ‚Marco' belehrt. Seitdem heißt er in meiner Welt ‚Manko'. An dieser Stelle Gruß an Teddy Teclebrhan – oder besser gesagt an Antoine Burtz.

Unsere Mannschaft gewann das Spiel durch ein gekonntes Freistoßtor 1:0. Der erste Sieg in der Europa League war perfekt. Und ich war vor Ort. Max, Dani und Simon waren ebenfalls anwesend. Ihre Namen prangten auf Fahnen, auf Schals, sogar schon auf selbstgemalten Shirts.

Am gleichen Abend noch trennten sich die Wege von Raphael und mir. Er fuhr mit einem Bus unserer Szene wieder zurück Nachhause. Ich zog mit einigen Weiteren ins nahegelegene Amsterdam. Die Jungs hatten dort ein Hausboot auf dem anliegenden Kanal gemietet.

Dieses Erlebnis war Balsam für die Seele und ich danke mir für meine getroffene Entscheidung bis heute, nach Holland gefahren zu sein und den ersten Sieg international erlebt zu haben.

Nach dem Spiel ereignete sich noch in der Stadt, in der das Spiel stattfand, eine kleine Rennerei mit einheimischen Holländern. Diese wurde allerdings schnell von der holländischen Polizei, unter anderem mit Hilfe einer forschen Reiterstaffel, gestoppt.

Auf einmal saß ich eingezwängt mit ungefähr sechs weiteren Leuten festgenommen in einem Polizeitransporter. Zwischen jedem von uns ein Polizist in voller Montur. Sie fuhren uns im Escort nach Amsterdam. Da sie nicht wollten, dass wir noch mehr Stress provozierten und Randale machen, fuhren sie uns lieber persönlich in ihren Einsatzwägen hinüber. Statt dem Zug, gab es somit eine Art Taxifahrt auf eigenartige Weise. Wir saßen da in diesem Polizeitransporter mit den Beamten und ein paar dieser holten nach ein paar Minuten Fahrt sogar ihr Mobiltelefon heraus und schrieben ihren Liebsten – oder was weiß ich.

Auf offener Straße blieben wir stehen. Ein Beamter machte die hintere Tür des Transporters auf und ließ uns hinaus. Während des Hinausgehens nutzte ich noch schnell die Gelegenheit und schoss ein Erinnerungsfoto. Ich schaute mich draußen um und erkannte flott, dass wir uns genau vor dem Hauptbahnhof in Amsterdam befanden.

Die Leute, die in der Nähe zur Straße standen, sahen gerade, wie sechs Bauchtaschenträger aus einem Polizeibus gelassen wurden und sich in Richtung einer Bushaltestelle bewegten. Dessen Bus brachte uns dann zu dem gemieteten Hausboot.

Ein Dank für dieses skurrile Erlebnis, nationale Politie!

In den folgenden Tagen erlebten wir unvergessliche Momente. Es waren einige Leute aus der Fanszene mithinübergefahren, um noch ein paar unvergessliche Tage in Amsterdam mitzunehmen.

Wir tranken viel, stolzierten durch die schöne Stadt, luden alle noch Anwesenden in der Stadt zu einer Party auf unserem Hausboot ein. Wir fabrizierten anderen Unsinn und ließen uns von etlichem, mit Marihuana gefülltem Drehpapier besinnen. Drei Tage hatten wir dort verbracht.

Am Donnerstag war das Spiel gewesen und am Sonntag würde ein Ligaspiel in Nordrhein-Westfalen stattfinden. Da machte sich im Voraus die Idee breit, von Amsterdam direkt ins nahgelegene NRW zu reisen, dort das Spiel mitzunehmen und erst dann in die Heimat zurückzukehren. So buchte ich mir auf dem Hausboot, für welches ich keinen Cent bezahlen musste, das Ticket nach NRW. Ich erwischte noch die gleiche Zugverbindung wie die, die sich die anderen vorab gebucht hatten. Auf dem Hausboot schlief ich offiziell auf dem Boden, wobei ich letztendlich doch immer in einem Bett schlief.

So verließen wir schmerzhaft, mit tränendem Auge das Hausboot in Richtung Hauptbahnhof und fuhren zum Ligaspiel am Wochenende. Von dem Spiel weiß ich nichts mehr und es war wohl anscheinend auch eine Niederlage.

Die Arbeit hat davon wohl keinen Wind bekommen.

Diese Reise gab mir ein gutes Stück Leben und die zugehörige Leidenschaft dafür zurück. Ich konnte wieder mehr nach vorne, in die Zukunft blicken.

Es waren so wahnsinnig geistreiche Tage und ich bin mir sicher, es ging nicht nur mir so.

Kapitel 12 – Licht am Ende des Tunnels.

Ich hatte mich vermehrt gefangen. In der Arbeit trat ich wieder lebhafter auf. In der Schule schaffte ich durch bessere Noten erste sichtbare Erfolge. Ich gab meinem Ausbilder mein Wort, ihn nicht zu enttäuschen. Dadurch hatte ich meine Probezeit bestanden. Ich ließ sogar das nächste Auswärtsspiel in der Europa League an mir vorbeiziehen und ging lieber in die Berufsschule, um mir selbst keine Probleme zu machen und mich auf meine Ausbildung zu fokussieren.

Währenddessen schritt unsere Wohngemeinschaftsplanung voran. Da wir diese WG zu dritt, mit Dani, planten und er die Wohnung über seine Eltern organisierte, wussten wir nicht genau, wie wir nun weitermachen sollten. Wir nahmen einen dritten Mann in unser Boot, bei dem wir ein gutes Gefühl hatten, dass dieser das große Loch, welches Dani hinterließ, mit einem ehrenwürdigen Leben füllen würde. Und wir waren uns sicher, dass auch Dani bei dieser Entscheidung hinter uns stehen würde. So hatten wir unsere gewünschte Personenanzahl für die WG wieder erreicht und konnten immerhin etwas weiterplanen.

Wir besichtigten die ein oder andere Wohnung, bekamen allerdings keine Zusage. Da in unseren Reihen lediglich einer vollverdienend war, würde es extrem schwer werden, einen Vermieter zu finden, der sich aus den vielen Bewerbungen für seine Wohnung, genau für uns drei entscheiden würde. Wir suchten in Nähe des Stadtzentrums und da war und ist, wie in jeder größeren Stadt, der Wohnungsmarkt sehr gefragt und heiß begehrt.

Letztlich kam der Vater von Dani wieder ins Spiel. Er gab uns zu verstehen, dass wir die Wohnung, die für Dani und uns bestimmt war, wenn sie bezugsfertig ist, dennoch beziehen könnten. Und es wäre auch im Willen von Dani, dass wir dort zusammen einziehen. Die Nachricht war eine Erlösung.

Ich hatte mich schon verkopft, inwiefern wir auf irgendeine Weise eine Wohnung ergattern könnten. Nun hatten wir eine Zusage und das auch noch für die Wohnung, in die Dani mit uns hätte einziehen wollen. Es war mir eine Ehre in seinem Namen diese WG hochzuhalten und sie mit Lebensfreude zu füllen.

In drei Monaten könnten wir schon einziehen. Diese Mitteilung und das Aus- und Umziehen verschob sich wegen länger anhaltender Baumaßnahmen dann nochmal nach hinten. Das spielte mir in die Karten, denn so konnte ich noch den ein oder anderen Euro für meine Zimmereinrichtung zusammensparen.

Ich fing an, neben dem Zusammenhalten meiner ersten Ausbildungsgehälter, aus meinem Kinderzimmer heraus Marihuana an den Mann zu bringen. So verdiente ich mir etwas Taschengeld dazu, welches ich für Möbel und den Umzug benötigen würde. Währenddessen hatte unser Verein die Gruppenphase der Europa League überstanden und die Auslosung brachte uns ein Spiel in England an der legendären Anfield Road, einem der Mutterhäuser des Fußballs.

Diese Reise war, wie schon die nach Holland, von erlebnisreichen Tagen geprägt. Wir schieden nach dem Hinspiel zuhause, das 0:0 endete, erhobenen Hauptes mit einem bitteren 0:1 aus dem Wettbewerb aus. Allerdings war dies nebensächlich. Wir genossen einfach die Momente, die wir erleben durften und nahmen das Ausscheiden gestanden hin. Ich war in der Blüte meines Lebens angekommen. Den herben Verlust zweier enger Freunde hatte ich nun, etwa fünf Monate später, weitestgehend geschluckt und verarbeitet und so durch diese eindrücklichen Erlebnisse auf internationaler Bühne meine Lebensfreude Stück für Stück zurückgewonnen.

Um zu dem Spiel nach England zu reisen, musste ich mir natürlich wieder einen Krankenschein beim Arzt ergaunern. Dadurch dass wir bereits Tage vorher anreisten, hatte ich mir ein Attest für die ganze Woche besorgt. Nach dieser Reise kam ich, wie viele Mitreisende auch, mit einer schweren Grippe zurück. Mir ging es sehr dreckig: Übelkeit, Husten, Fieber, das volle Programm. Dadurch musste ich mich die darauffolgende Woche, als ich zurück war, weiterhin krankschreiben lassen. Mein Arbeitgeber nahm dies zur Kenntnis und mein zweiwöchiges Fernbleiben hatte keine Konsequenzen.

Warum auch? – Ich lag zwei Wochen flach in meinem Bett.

Das folgende Bild entstand in unserem Apartment in Liverpool. Es beschreibt meinen Stil, das Leben wieder zu genießen, sehr gut. Die volle Lebenslust war zurück. Ich war wieder der lustige Spaßvogel, quasi der Pausenclown aus der Schulzeit.

In dieser Zeit nahm mein Leben enorm an Fahrt auf. Auswärtsfahrten quer durchs Land, Prügeleien mit gegnerischen Fans oder betrunken vor Kneipen in der Stadt. Auslandsreisen, ausartende Partys, wilde Geschichten wurden erlebt. Ich ließ mir noch mit 17 Jahren mein erstes Tattoo auf den Oberarm stechen. Dieses ist meinen zwei verstorbenen Brüdern, Max & Dani, gewidmet.

Weitere Tätowierungen folgten rasch und so war nach etwa über einem Jahr mein rechter Arm komplett mit Tinte bedeckt.

Auch trieb ich viel Sport, ging zum Kickboxen und in das Oldschool-Fitnessstudio der Stadt, welches mein Vater im Jahr 1996 selbst ins Leben gerufen hatte und seitdem als Familienbetrieb führte.

Bei Prügeleien oder im Kickboxtraining spürte ich unterbewusst in mir immer eine Art Unruhe. Ich verstand diese Unruhe nie so recht und ignorierte sie daher.

Dieses Gefühl hielt sich über Jahrzehnte in meinem Unterbewusstsein auf. Das einzige Mal, als ich es aktiv wahrnahm, war damals nach Schulschluss, als die angebliche Schlägerei stattfinden sollte, zu welcher ich nicht erschienen war und ich die Schule über einen anderen Ausgang verlassen hatte.

Jetzt, heute, verstehe ich endlich dieses Gefühl. Ich nehme es rückwirkend erst jetzt bewusst wahr. Du wirst es auch noch erfahren in diesem Buch. In mir schlummerte etwas, das darauf wartete, aus mir heraustreten zu können und mich von diesem Gefühl zu befreien.

Auf der anderen Seite kam ich in dieser Zeit das erste Mal auf den Geschmack der Amphetamine und des Kokains. Ich spürte, was diese Drogen in mir auslösten und mein Körper wollte es wieder erleben. Zu sehr hatte es mir einen Boost für den Tag oder die Nacht gegeben. Das Gefühl war sehr verlockend. Nichtsdestotrotz hielt ich den Konsum in Grenzen, da ich die negativen Seiten immer wieder vor mir aufleuchten sah. Ich versprach mir selbst dieses Zeug gebremst zu konsumieren.

‚Heute bleib ich sauber, kein Bock auf den Film' – und zack ist es 02:00 Uhr in der Nacht. Ich stehe im Klo einer stadtbekannten Kneipe und die Linien des weißen Pulvers werden von einem Kumpel mit einer Karte auf dem Smartphone klein gehackt, zurechtgelegt und letztlich gezogen.

Ja, auch solch Abende mit eben jenen Versuchungen waren darunter. Alles andere wäre eine Lüge. Dennoch beherrschte ich mich in meinem Handeln und ließ es nicht allzu oft, allzu lange Tage und Nächte werden.

Heute weiß ich, dass dieses Zeug vom Teufel besetzt ist. Nie wieder will ich solch Substanzen zu mir nehmen. Es fühlt sich täuschend gut und bestärkend an. Auf der Kehrseite der Medaille dieses Konsums sitzt allerdings der Sheytan, den man als ständiger Konsument vielleicht selbst nicht wahrnimmt, der aber mehr und mehr aus einem heraustritt und der dich einnimmt.

Das Suchtpotenzial dieses Zeuges ist nicht zu unterschät-
zen. Man sieht es zumeist in den Gesichtern, wen es zu wel-
chem Zeitpunkt erobert hat.

Auf der anderen Seite die Ausbildung, die ich aus
Überzeugung ernst nahm und weiter bestritt. Ich ging
vorbildlich zur Arbeit und auch die Berufsschule
durchlief ich passabel.

In diesen Jahren rauchte ich gut und gerne mal etwas
Marihuana. Mein Umfeld versorgte ich ebenfalls wieder mit etwas THC-haltigem Stoff. Mein Lifestyle
musste neben den erhaltenen Ausbildungsgehältern
eben irgendwie finanziert werden.

Mein erstes Berufsschuljahr lässt sich in etwa so beschreiben: Als die erste Unterrichtspause um 10:15 Uhr
erklang, ging ich mit zwei Jungs in flottem Tempo aus
der Schule in den nahgelegenen Park ums Eck. Da wir
nur 15 Minuten Pause hatten und der Laufweg zum
Park abgezogen werden musste, wurden die 109 mm
Länge des OCB Zigarettenpapiers im Sprint inhaliert.
Anschließend liefen wir benebelt vom wirkenden Ni-
kotin und THC zurück in die Schule und setzten uns
in unsere Klassenzimmer. In der Mittagspause holten
wir uns beim Pausenverkauf in der Schule einen herz-
haften Snack und gingen im Anschluss in den Park, indem wir etliche Joints drehten und konsumierten. Wir
saßen in diesem Park, der mal mehr, mal weniger be-
lebt war und ließen uns vom Gras berieseln.

Nach 1h 30min war es wieder soweit und wir bestrit-
ten den Weg zurück in die Schule. Völlig benebelt,

abwesend und tiefenentspannt saß ich da und ließ die restlichen Unterrichtsstunden über mich ergehen.

Mein Ausbilder lud mich eines Tages in sein Büro ein. Wenige Tage zuvor fand ein Elternsprechtag an der Berufsschule statt. Nur statt den Eltern hörte sich in der Berufsschule der Ausbilder die Worte der Lehrer über einen an. Ich ging mit gemischten Gefühlen in das Gespräch. Meine Noten kannte er, allerdings war meine Mitarbeit im Unterricht nicht wirklich vorhanden. Ich bemalte während den Unterrichtsstunden meinen Block mit Grafittibildern, Schriftzügen oder kritzelte einfach wild darauf los.

Mein Ausbilder war so weit zufrieden mit mir. Allerdings sprach er eine Sache direkt an:
‚Eure Klassenlehrerin meinte, du wärst in den Nachmittagsstunden öfters so abwesend und wirkst müde.'

Ich musste diesen Satz kurz schlucken, konterte aber instinktiv rasch und verkniff mir dabei am Ende ein Schmunzeln.

‚Hmm, okay. Komisch… klar, natürlich! Ich hatte in meiner Realschulzeit nie echten Nachmittagsunterricht absolviert. Vielleicht war ich es einfach noch nicht gewohnt, in den Nachmittag hinein dem Unterricht zu folgen. Das ist meine einzige Erklärung für diese Aussage der Lehrer.'

Mein Ausbilder nahm dies zu Kenntnis und nickte ab.

Natürlich meinten die Lehrer meinen intensiven Cannabiskonsum im ersten Berufsschuljahr, wodurch sie mich wohl als abwesend und müde wahrnahmen.

Die Jahre zogen dahin. Die erste große Liebe verabschiedete sich und mir kam eine andere, neue Dame ins Visier, welche später meine Partnerin werden sollte. Laura.

Der ausschlaggebende Punkt, weswegen wir intensiver Kontakt zueinander bekamen, erzähl ich Dir in den folgenden Zeilen.

Es war ein Auswärtsspiel in Hessen, wir fuhren mit dem Zug. Die besagte Dame war auch mitgefahren. Wir planten auf dem Hinweg im Zug eine kleine Pyrotechnikeinlage mit Rauchtöpfen und Blinkern, um zusätzlich etwas Farbe in den Block zu bekommen. Das Stadion, zu welchem wir heute fuhren, war eines der älteren. Es hatte noch diesen gewissen Charme eines altehrwürdigen Fußballstadions.

Da stand ich also. Vor dem Stadion. Mit einem Rauchtopf an mir befestigt. In meinem Unterhosenbund ein Tütchen Marihuana und in meinen Socken etwas Ectasy. Dieses hatte ich für einen Freund einstecken, da sich dieser auf Bewährung befand und folglich bei jeglichem Vergehen, jeder kleinen Straftat, dem Gefängnis verfallen würde. Daher übernahm ich seinen kleinen Proviant. Anschließend stellte ich mich in die Warteschlange vor dem Eingang. Ein paar Reihen vor mir in der Schlange befanden sich zwei Jungs, die ebenfalls Rauchtöpfe stecken hatten.

Plötzlich wurde der Erste kontrolliert und abgeführt und der Zweite direkt nach ihm auch. Shit! Sie wurden erwischt. Die Ordner kontrollierten zielstrebig. Meine Aufregung wuchs von nahezu Null ins Unendliche.

Ich dachte an die Drogen, an den Rauchtopf. ‚Ich laufe gerade in mein Verderben' dachte ich mir. Als ich letztendlich vor dem Ordner ankam, fing er an, mich zu kontrollieren.

In den meisten Stadien diesen Landes, sind die Kontrollen eher halbherzig. Ich spürte an diesem Tag, bei diesen Ordnern allerdings das Gegenteil.

Der Ordner fasste mir mit seinen Handschuhen hinten in den Bund der Unterhose und fuhr einmal bis nach vorne entlang. Ich konnte nicht hinsehen, weil ich wusste, er würde nun an mein Gras gelangen und darauf stoßen. Ich blickte Widerwillens nach unten und sah, wie ihm das Tütchen in die Hände fiel. Ich blickte ihn wortlos an. Er sah mich ebenfalls an und flüsterte: ‚Pass auf, Drogen sind mir egal. Hast du Bengalen oder sowas dabei? Mir geht es nur darum.'

Ich schüttelte den Kopf und verneinte. Anschließend versteckte er das Tütchen wieder in meinem Hosenbund und wünschte mir viel Spaß beim Spiel. Shit! Was war das gerade? Wie zur Hölle kam ich gerade durch diese Einlasskontrolle? Ich sah die zwei Jungs, die erwischt worden waren, vor dem Stadion am Polizeiwagen stehen. Sie wurden gerade von den Beamten belehrt.

Was geht ab? Ich war durch! Ich hatte mich wieder einmal durchgemogelt und hatte einfach Glück mit meinem Ordner. Die geplante Aktion im Stadion ging komplett in die Hose.
Drei Leute wurden erwischt. Andere Leute im Block, die auch etwas stecken hatten, fingen ohne Absprache

an, ihren ebenfalls geschmuggelten Zündstoff unter einer Fahne zu entflammen. Es entstand daraufhin nicht das Bild, welches wir uns vorab erwünscht hatten.

Zu dem Zeitpunkt, als so unkontrolliert und ohne Absprache darauf los gezündet wurde, stand ich am Bierstand.

Somit war ich nun auf mich gestellt. Ich hatte einen Rauchtopf stecken und es gab keinen Plan für eine weitere Zündung. Den Rauchtopf wieder mit hinauszunehmen, kam mir dämlich vor. Für was waren dann drei Jungs von uns erwischt worden, wenn die, die hineingekommen waren, es dann nicht verfeuern würden.

Noch während der Halbzeit stellte ich mich wieder in den Block, in die Reihe hinter Laura. Ich fragte sie nach einem Feuer und fing an eine Zigarette zu rauchen. Ich führte etwas Smalltalk und redete ihr in den Rücken. Nach einer Zeit, als das Spiel wieder angepfiffen war, nahm ich, ohne aktiv hinzuschauen, meinen Rauchtopf aus der Seitentasche meiner Cargohose und hielt das Feuer an die Zündschnur. Ohne jegliche Vermummung oder Verstecken, zündete ich den Rauchtopf an, gab dem Fräulein vor mir einen Ruck und ließ ihn *unauffällig* neben ihr hinunterfallen.

Da wir vorher schon etwas zündeten, hatte die Staatsmacht ihre Augen voll auf unseren Block gerichtet. Sie verfolgten daher das Geschehen vor dem Aufstieg des Rauches meines Rauchtopfes.

Nach dem Spiel wurde Laura doch tatsächlich herausgezogen. Die Polizisten nahmen ihr Handy in Gewahrsam. Sie gingen davon aus, dass sie es gewesen sein müsse, die mir den Rauchtopf mit hineinbrachte und sie ihn mir in dem Moment übergab, als sie mir das Feuer für die Zigarette reichte. Sie wollten Chatverläufe sicherstellen, in der ich genau diesen Ablauf mit ihr ausmachte.

Wenn das Leben nur so einfach wäre, nicht wahr? Aber nein, Pustekuchen...

Nun befand sich diese Dame also wirklich in vorübergehender Gewahrsam. Und das nur, weil ich sie als kleine Ablenkung missbrauchte, um den Rauchtopf *unauffällig* anzuzünden. Das verlieh mir den ein oder anderen Gewissensbiss. Ich hatte Schuldgefühle und stand direkt vor der Absperrung. Mit bemitleidendem Blick blickte ich zu ihr. Ein Fanprojekt-Mitarbeiter kam auf mich zu und sprach zu mir, ich solle mich aus dem Staub machen. Sie wissen, dass ich diesen Rauchtopf gezündet hatte, hatten aber keine bildliche Beweisaufnahme, die meine Straftat eindeutig belegen würde. Anders gesagt, sie waren wie so oft machtlos, wenn es um meine Person ging. Ich schaffte es immer wieder mich durchzuschlängeln und letztendlich ohne Anzeigen davon zu kommen.

Laura wurde wieder freigelassen und ich entschuldigte mich bestimmt hundert Mal bei ihr. Ihr Handy blieb erstmal in den Händen der Staatsmacht. Mithilfe eines Anwalts konnte sie es jedoch nach *nur* einer Woche unversehrt wieder in den eigenen Händen halten. Aber mitunter diesem Vorfall, dieser Aktion haben sich unsere Wege zusammengeführt und uns auf einer anderen Ebene verbunden. Schließlich wurde später daraus eine Beziehung. Romantik auf Umwegen.

Eines nachts gingen ein paar Jungs und ich wider Mals etwas Kunst verüben. Wir durchquerten einen kleinen Wald. Unser Ziel war ein Regionalzug, der auf dem Land an einem abgelegenen Bahnhof stand.

Ich genoss den Weg dorthin sehr, bis heute erinnere ich mich sehr gut an diese Nacht.

Der Wald wurde durch einen kleinen Fluss gespalten. Lediglich eine alte marode Brücke, auf der ebenso alte Schienen verlegt waren, stand inmitten dieses Waldstückes. Es war unsere einzige Möglichkeit zu den Gleisen zu gelangen, ohne über den Bahnhof laufen zu müssen. Das wäre ziemlich auffällig gewesen, daher stellte dies keine Option dar. Die Brücke sah allerdings keineswegs vertrauenswürdig aus und so sahen wir uns nach anderen Alternativmöglichkeiten um.
Schuhe ausziehen, Jogginghose hochkrempeln und durch den Fluss gehen? Naja, eher ungern. Letztendlich nahmen wir doch die alte, löchrige Brücke, um den Fluss zu überqueren.

Ich weiß nicht genau weshalb, aber ich fand diese Momente wundervoll. Mitten in einem stillen Wald in der tiefdunklen Nacht eine alte Brücke zu überqueren. Ohne Mobiltelefone, nur die Sprühdosen und wir. Das war für mich das pure Lebens- und Freiheitsgefühl.

Wir bestiegen in vorsichtiger Manier diese Brücke. Durch die Gleise und über die Holzbretter darauf, bewegten wir uns vorsichtig auf diesen hinfort. Als wir sie überquert hatten, setzten wir uns ins letzte Gebüsch vor den Gleisen und beobachteten unser Ziel, den stehenden Zug am Bahngleis.

Es herrschte absolute Ruhe.

Lediglich ein Polizeiauto fuhr auf den leeren, angrenzenden Bahnhofsparkplatz, drehte eine Runde und zog daraufhin wieder ab. Wir warteten noch ein paar wenige Minuten und rannten dann los zu dem Zug und verrichteten unser Werk. Es war so wie man es sich als Graffitimaler wünscht, in Ruhe zu genießen, ohne jegliche Zwischenvorfälle. Danach rannten wir in Richtung unseres Ausgangspunktes, überwanden die Brücke zum wiederholten Mal und schlichen uns zu unserem Auto zurück.

Ich kann nicht in Worte fassen, welche Gefühle ich in dieser Nacht verspürte. Für manch einen ist dies nur eine Straftat und schlichtweg Sachbeschädigung. Von meiner Seite aus betrachtet, bedeutete es in diesem Moment allerdings etwas völlig anderes.

Es war der Zusammenhalt untereinander, gleichzeitig in der Natur zu sein und das freifühlende Leben ein und ausatmen zu dürfen. Und nebenbei diesen Zug zu bemalen, der später mit unseren gemalten Bildern und Messages darauf durch die Städte und Dörfer im Umland fahren sollte.

In der heutigen Zeit mit Smartphones und Social Media scheint es mir so, als würde der Großteil, vor allem die jüngere Generation der Gesellschaft, solch genießenswerte Momente verlernen zu genießen. An einem schönen Ort zu sein und einfach mal nur den Moment zu genießen. Unser Leben hat eine innere Uhr, die mit jeder Sekunde abläuft. Schon morgen könnte es vorbei sein. Und stattdessen ist es heute wichtiger, tolle Bilder von dieser Situation oder diesem Ort zu machen und diese mit seinen Freunden und Followern am besten sofort zu teilen. Um dann darauf ‚Gefällt-Mir'-Angaben zu bekommen, vielleicht eine tolle Rückmeldung zu erhalten oder sogar Geld damit zu generieren.

In meinen Augen ist die Zeit von sozialen Medien und den zugehörigen Influencern, die Geld damit verdienen, täuschend perfekte Fotos hochzuladen und mit ihren Rabattcodes für teilweise minderwertige Schrottartikel zu locken, eine große Gefahr für die Seele und das Wohlbefinden für uns als Menschen.

Damit richte ich mich nicht explizit gegen Influencer. Diese Menschen nutzen nur die Chance. Das gesamte soziale Netzwerk hat sich zu einem großen Geschäft und einer Möglichkeit zum Marketing für Firmen, ob groß oder klein, entwickelt. Und manche nehmen dieses Geschäft eben an und nutzen die Chance mit ihrem Telefon selbstständig zu werden und ihre Brötchen damit zu verdienen.

Doch bei diesem ganzen Verfahren werden uns viele falsche Werte vermittelt. Unser Kopf weiß mittlerweile, wie er durch soziale Medien an Glücksgefühle und Endorphine gelangt.

Er nutzt sie aus, um sie sich auf diese feige Art zu holen. Wobei diese Art der Glückgefühle und -hormone nicht lange anhält. Es stellt eine Täuschung der Echtheit dar. Man möchte schnell mehr davon.

Teufelskreis.

III. Randnotiz

Ich bin ehrlich. Eine passende Überleitung zu dem nächsten Kapitel zu finden, ist nicht so einfach. Ich könnte noch viele weitere Erlebnisse aus meinem Leben mit Dir teilen, auch viele Fotos davon hier abdrucken und in Erinnerungen schwelgen.

Aber das nächste Kapitel will erzählt werden. Eigentlich ist es kein Kapitel, sondern ein kleines Buch in einem Buch. Mein Kopf hat sich bis hierhin ein System ausgedacht und nun kommt langsam das Bedürfnis, zu dem Punkt zu kommen, weshalb ich nun überhaupt hier sitze und dieses Buch schreiben möchte.

Im folgenden Buchteil erzähl ich dir, was ich die letzten Jahre durchlebt habe.

Abschnitt 1 – Aus der Bahn geworfen

Plötzlich lag ich da, regungslos in einem Bett. Mit Kabeln und den dazugehörigen Geräten um mich herum. Auf der Intensivstation eines Krankenhauses im künstlichen Koma.

Mein Schicksal hielt mich in meinem noch jungen Leben ständig auf trapp. Angefangen mit dem Autounfall im Winter 2002, bei welchem mir trotz heftigen Überschlägen nichts passierte.
Dann dieses trügerische Bauchgefühl auf dem Schulgelände wegen der angeblichen Prügelei, welches ich sehr intensiv und das einzige Mal bewusst in mir wahrnahm. Und letztlich der Urlaubstag, der mir kurz zuvor gestrichen wurde und ich nicht in dem Auto saß, mit welchem sich der tragische Autounfall am 24. September 2015 ereignete.

Im Nachhinein ging für mich und meine Person jede Situation glimpflich aus. Immer hatte ich das nötige Glück. Jedoch leuchtete in mir immer wieder diese eine Art von Unruhe auf, die ich nie wirklich verstand oder gar ernstzunehmend wahrnahm. Sie hatte seit jeher in meinem Unterbewusstsein gesessen und darauf gewartet aus mir heraus treten zu können.

Im Monat Juli im Jahr 2018 kam dieser Tag. Mein Schicksal gab mir keinen Ausweg mehr. Es traf mich. Eine plötzliche Gehirnblutung nach einer freizeitlichen Kickboxeinheit am Wochenende mit Freunden.

Schädel-Hirn-Trauma dritten Grades. Ich lief noch selbst in die Notaufnahme, habe allerdings keine Erinnerungen daran. Lediglich die Sekunde, in der ich auf die Eingangstür der Notaufnahme zulief und die Tür sich öffnete, ist in meiner heutigen Erinnerung.

Meine Familie. Laura. Meine Freunde. Sie allesamt bangten um meine Lebenserhaltung. Ich hatte viel Blut verloren während der Operation. Über fünf Stunden hatten die Ärzte benötigt, um die Blutung, die sich in meinem Gehirn auszubreiten versuchte, zu stillen und die Operation erfolgreich zu bewältigen.

Aufgrund der Blutung erlitt ich noch vor der Operation einen epileptischen Anfall. Die Situation um mich war ernst, sehr ernst. Es ging wortwörtlich um Leben oder Tod.

Nach der OP wurde ich über eine Woche künstlich beatmet. Die Ärzte versuchten immer wieder, mir den sogenannten Tubus aus dem Mundraum zu ziehen, um nachzusehen, ob ich vielleicht reagiere und selbst das Atmen beginne. Meine Mutter versuchte durch das Massieren meiner Füße, meine Beine zu beruhigen, da diese sehr oft wild umher zitterten. Ab und zu reagierte ich mit einem kräftigen Gähnen. Das war mit dem Zittern aller Extremitäten meines Körpers allerdings das einzige Lebenszeichen, das ich von mir gab.

Nach acht Tagen wehrte ich mich plötzlich gegen die künstliche Beatmung. Ich atmete gegen das Beatmungsgerät und der Tubus konnte gezogen werden. Ein erster Erfolg wurde verbucht: mein Körper atmete wieder aus eigenem Willen, aus eigener Kraft.

Den gesamten Aufenthalt in dieser Notaufnahme wehrte ich mich täglich, nach wenigen Stunden gegen meine Lage im Bett. Das ganze Bett fing an zu wackeln, da ich förmlich anfing zu vibrieren und zu zittern. Erst als mich eine Pflegerin wieder in eine andere Lage brachte, beruhigte sich mein Körper. Dadurch, dass ich an viele medizinische Geräte und Schläuche angeschlossen war, war der Vorgang, mich in eine andere Liegeposition zu bringen, mit großem Aufwand verbunden.

Für mein Umfeld waren diese Tage, wenn ich nun so zurückdenke mit ein paar Erzählungen von außen im Kopf, wohl wirklich unerträglich. Es war die Ungewissheit. Mein Körper kämpfte um seine Lebenserhaltung.

Ich will nicht wissen, wie schlimm es gewesen sein muss, dies so miterlebt zu haben. Mich, ihren Sohn, Enkel, Partner oder Freund täglich an zahlreichen Geräten und Kabeln angeschlossen, auf einer Intensivstadion liegend, zu sehen und nicht zu wissen, ob dieser junge Mann, dieses schwere Trauma überleben würde. Das Bangen um mein Leben ging über viele Tage, gar Wochen.

Jede Sekunde hätte mein Herz und Körper aufgeben können und ich hätte mich von diesem Leben verabschiedet.

Es kam anders…

Nach rund 17 Tagen war ich in einem so stabilen Zustand, um von dem Krankenhaus, indem ich operiert worden war, in eine Frührehabilitationseinrichtung transferiert zu werden. Blieb nur die Frage, in welcher dieser Einrichtungen ein Platz beziehungsweise ein Bett für mich frei wäre. Drei Einrichtungen wurden angefragt. Weiter hieß es von den Krankenpflegern und Ärzten: ‚Wer am schnellsten antwortet und am frühestens einen Platz bereithält, dahin kommt er!'

Daraufhin fiel der Name eines Rehazentrums, von welchem Laura, die gelernte Medizinfachangestellte ist, den Ärzten und Pflegern erstmals erzählte und welche sie zuvor nicht einmal gekannt hatten. Alle waren erleichtert als der Name dieser Einrichtung fiel und es für mich dorthin gehen sollte.

Simon, der diese schweren Hirnblutungen bei dem Autounfall der Jungs erlitten hatte, war nach seinem Krankenhausaufenthalt ebenfalls dort gelandet und verweilte dort über Monate. Es hatte einen guten Ruf.

Ich befand mich zwar noch immer im künstlichen Koma, allerdings war mein Zustand nun so strapazierfähig, um diesen Standortwechsel sicher zu bewältigen. Die Fahrt dorthin betrug um die vier Stunden. Ein Notarzt fuhr die Strecke mit und beobachtete mich und meine Werte.

Dort angekommen, wurde ich aufgenommen und einem Zimmer und Bett zugewiesen. An die nötigen Geräte angeschlossen, meine Befunde durchgegangen und alles Weitere erledigt.

Als ich letztendlich in meinem zugewiesenen Bett lag und die Übergabe absolviert war, kamen auch schon meine Eltern das erste Mal hinein. Mein Vater war schockiert, ich hatte im Gesicht plötzlich viele Kratzer zu präsentieren.

Er fragte das Personal: ‚Was ist denn da passiert? So haben wir uns gestern nicht von unserem Sohn im knapp 400 Kilometer entfernten Krankenhaus verabschiedet?'

Es stellte sich heraus, dass ich meine Lippen in der Nacht vor dem Transport, mit meinen Zähnen zerbissen und aufgerissen hatte. Meine Lippen und generell der Mundbereich waren auf eine üble Art wundgescheuert.

Etwa vier weitere Wochen waren vergangen. Erste Erinnerungen folgen.

Ich lag in einem Bett. Im Fernseher, der etwas höher an der Wand hing, liefen die Olympischen Sommerspiele 2018 in Pyeongchang, Südkorea.

Ich konnte mich nicht bewegen, lediglich das erste Mal selbst die Augen aktiv öffnen und etwas im Raum verfolgen.

Eine Frau in weißem Gewand kam hereinspaziert und fing an mich umzulagern. Sie schob ihre Hand unter meine Schulter, platzierte die andere Hand an meinen Rumpf und drehte mich auf die Seite. Dadurch hatte ich den Fernseher noch angenehmer im Blick. Ich verfolgte das Geschehen auf dem Bildschirm noch ein paar Minuten, bevor ich wieder in einen tiefen Schlaf versank. So vergingen die ersten Tage. Jeden Tag bekam ich etwas mehr von meiner Umwelt mit. Ich bemerkte, dass ein alter Mann neben mir lag und dieser sehr laut röchelte. Ich konnte auch meinen Eltern und den Pflegern immer mehr folgen und deren Treiben beobachten.

Nach einer Zeit bemerkte ich zudem, dass mir immer wieder die Windel gewechselt wurde. Des Weiteren realisierte ich, dass jeden Tag andere Freunde in mein Zimmer und an mein Bett kamen. Ich konnte dann auch immer mehr Konversationen folgen, die im Raum geführt wurden.

Mir wurde aufgrund der Operation und der Schmerzen davon eine hohe Dosis an Morphium, einem starken Opium,

mit einer Spritze verabreicht. Das begründete meine Art
Schwerelosigkeit und Abwesenheit in diesem Bett.

Ich bemerkte allmählich einen sich steigernden Froh-
sinn seitens meines Umfelds, da ich immer mehr am
Leben teilnahm. Sie versuchten mit mir zu reden oder
vielleicht sogar einen Ton aus mir heraus zu bekommen. Ich spürte eine wachsende Euphorie im Raum.
Auch die Pfleger bindeten mich immer mehr in die Geschehnisse um mich herum mit ein. Dennoch konnte
ich bis dato nichts bewegen.

Nach einer Zeit in dieser Reha Einrichtung war es mir
dann möglich, meinen Kopf in langsamen Tempo etwas nach links und rechts zu drehen und so noch mehr
mit meinen Augen zu verfolgen. Ich fühlte mich, als
befände ich mich in einer Blase. Jeden Tag besuchten
mich Freunde, sie hinterließen Geschenke oder Bilder.
Laura und meine Eltern waren ebenso täglich und nahezu pausenlos abwechselnd anwesend.

Ich konnte inzwischen mit Augenblinzeln kommunizieren. Einmal zwinkern bedeutete ein ‚Nein' und
zweimal zwinkern ein ‚Ja'. Bei dieser Technik wurde
ich nebenbei sehr oft falsch verstanden. Auch weil ich
manchmal nur einmal zwinkern wollte, allerdings ein
zweites Augenblinzeln reflexartig hinterher schoss
und so ganz schnell aus einem ‚Ja' ein ‚Nein' wurde.

Eines Tages wollte sich mich mein Vater bei mir erkundigen, ob mir kalt sei und ich vielleicht zugedeckt werden möchte. Ich antwortete mit einem Blinzeln, das
ein ‚Nein' bedeutete. Im nächsten Moment aber funkte
mir dieser Reflex dazwischen und so wurde aus dem

‚Nein, ich will keine Decke, mir ist eh schon heiß'
schnell ein ‚Ja, bitte! Mir ist kalt, deck mich zu'.

Ich hatte keine Wahl. Es gab keine andere Möglichkeit,
mich zu Wort zu melden. Ich konnte weder Nicken
noch meinen Kopf schütteln, ihn lediglich langsam zur
Seite drehen.
Auch meine restlichen Körperteile konnte ich nicht bewegen. Meine Arme waren immer zu einer Faust ge-
ballt und richteten sich gebeugt in Richtung meiner
Brust aus.

Eines Tages, am 08.08.2018, kam Laura mit guter Laune durch die Zimmertüre, in dem ich lag und sprach:

‚Alex deine Schwester hat heute Geburtstag. Wollen wir ihr ein Bild zusammen schicken?'

Ich schaffte es, ihr meine Überzeugung und mein ‚Ja' zu übermitteln. Daraufhin kam noch eine Pflegerin dazu, die meinte, sie solle sich doch mal zu mir aufs Bett setzen.

Laura, die eisern ihre treue Seele bewies, mich jeden Tag besuchte und nicht im Stich ließ. Im Gegenteil, sie trat mir jeden Tag mit einem Lächeln, guter Laune und einem hohen Maß an Loyalität entgegen.

Anfangs zögerte sie aus Vorsicht, dann aber lehnte sie sich leicht auf mein Bett, nahm ihr Handy in die Hand, öffnete die Kamerafunktion und übergab es der anwesenden Pflegerin, die dann ein Foto von uns schoss. Anschließend schickte Laura es meiner kleinen Schwester.

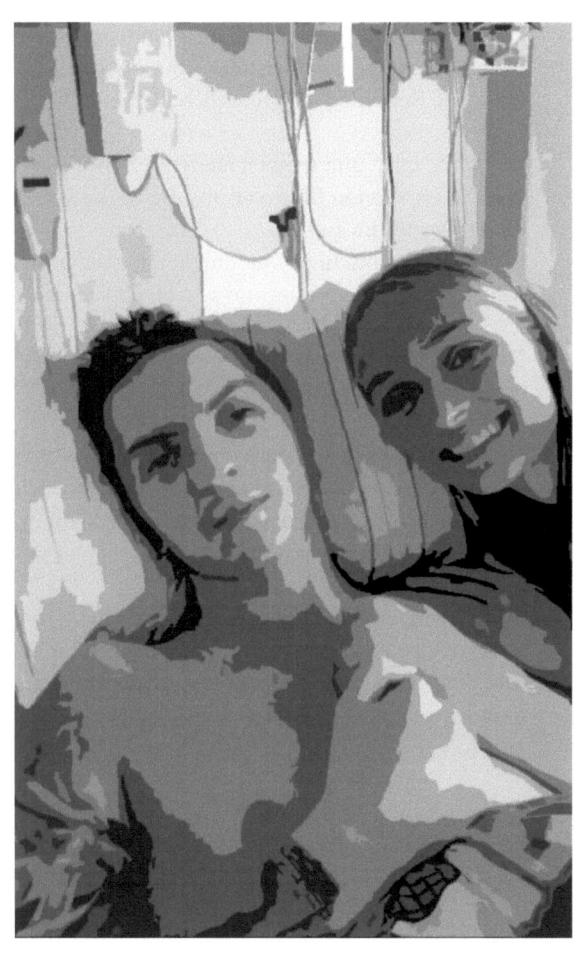

Eines Abends kam ein Pfleger, welcher mir immer sehr aufgeweckt und spaßig erschien, hinein und sprach: ‚So Jungs, aufgepasst! Es ist Zeit für die abendliche Dosis – gute Reise und abenteuerliche Träume!'

Er meinte mich und meinen älteren Zimmernachbarn. Mit diesen Worten führte er uns die Spritze mit dem Opiat Morphium zu.
Ich versank anschließend einem angenehm festen Schlaf, der in einem Delirium sein Heim suchte.

Die ein oder andere teils wilde Träumerei davon sitzt mir bis heute noch im Gedächtnis.

Die Dosis war noch so stark, dass die Therapeuten mit mir noch nicht sonderlich anfangen konnten. Ich lag wortwörtlich wie ein schwer verankerter Stein in diesem Krankenbett.

Immer wieder versuchte mein Umfeld einen Ton aus mir herauszubekommen. Und ich dachte im selben Moment, ich könne sie eines Tages überraschen, indem ich plötzlich beginnen würde etwas von mir zu geben.

Generell konnte ich mich nicht beschweren. Ich wurde so herzlich behandelt, bekam ein Opium und schwebte im Bett vor mich hin.

Nachdem ich immer länger die Augen offenhielt und das Geschehen um mich herum beobachtete, sprach eine Pflegerin mit den Ärzten bei der Visite über meine Person. Sie sollten meine Dosis an Morphium nun endlich schrittweise herunterfahren.

Das Morphium drückte mich so ins Bett, dass ich diese Abwesenheit in mir hatte und mir so immer wieder die Augen zufielen.

Ich hatte zu dem Zeitpunkt noch keine wirklich klaren Gedanken und konnte nicht einmal wissen, weshalb ich hier überhaupt lag oder was geschehen war. Ich schwebte auf einer Wolke, wie in einem Traum und jeder kam einmal vorbeigeflogen.

Die Ärzte wehrten sich zunächst gegen die Pflegerin und sagten, es sei noch zu früh das Opium herabzusetzen. Allerdings beharrte vor allem eine Pflegerin immer weiter darauf, mich endlich mehr am Leben teilhaben zu lassen. Auch die Therapeuten sagten, wenn die Dosis nicht heruntergesetzt würde, können sie nicht anfangen, wirkungsvolle Übungen mit mir im Bett zu erarbeiten.

In den Folgetagen setzten sie sich gegen die vorsichtige Herangehensweise der Ärzte durch und die Dosis wurde hinunterdosiert.

Durch das Herabsetzen des Opiums kam ich nach und nach immer mehr zu mir. Ich begann zu verstehen, dass ich mich hier in einer Klinik befand. Ich entdeckte ebenso einen Schlauch an meinem Bauch, mit welchem mir Essen und Trinken eingeflößt wurde. Ich hinterfragte immer mehr die Abläufe um mich herum und bekam durch das Beobachten des Handelns der Pfleger auch schnell Antworten darauf.

Ich bin Silvia, der Pflegerin, die diesen Widerspruch einlegte und dafür kämpfte das Opium herabzusetze, bis heute un-

141

endlich dankbar. Es brachte mich Stück für Stück zurück ins
hier und jetzt, in die Realität.

Mittlerweile hingen an einem Schrank neben meinem
Bett viele Bilder und Erinnerungen. Bilder von wilden
Auswärtsfahrten und Reisen, Fotos aus Urlauben oder
ereignisreichen Abenden. Und überall war ich mit
Freunden und Brüdern zu sehen. Es hingen mindestens zwanzig an dem Schrank und mit jedem Tag wurden es mehr. Ich fing an, mich einzelnen Fotos zu widmen. Ich erinnerte mich an den Entstehungsort und
auch daran, was in jener Zeit dort geschehen war.

Ich spürte eine Fröhlichkeit in mir. Ich erinnerte mich
sehr gerne zurück. Schwelgte gerne in der Vergangenheit. Ich hatte das Leben gelebt, dachte ich mir in diesen Momenten, in diesem Krankenbett, mit dieser auferlegten Ganzkörperlähmung.

Und dennoch fühlte es sich noch immer an als befände
ich mich in einem Traum. Freunde kamen mit eben jenen Bildern und anderen Geschenken hinein. Laura,
meine Eltern, irgendein bekanntes Gesicht war immer
vor Ort. Ich lag da, gelähmt und machtlos und alles um
mich herum wurde für mich erledigt.
Die Windel gewechselt. Die Stirn mit einem kalten
Tuch gegen die enorme Hitze in diesen Sommermona-
ten bedeckt. Um Essen oder Trinken musste ich mich
nicht scheren. Es konnte sich nur anfühlen wie in einem Traum und er wurde immer realer, da ich immer
mehr mitbekam und auch langsam mehr und mehr
mein Bewusstsein wiederbekam.

Mittlerweile wachte ich morgens auf und beobachtete die Putzfrauen, die täglich den Boden wischten und mich begrüßten. Ich bekam immer mehr von meinem Bettnachbar und dessen Frau mit, die ebenfalls täglich an seinem Bett saß. Er hatte des Öfteren große Handschuhe an und schlug damit teilweise wild um sich, wenn ein Pfleger versuchte, ihn umzulagern oder ihm Nahrung zu zuführen. Nebenbei verfolgte ich immer aufmerksamer die Olympischen Spiele im Fernseher vor mir.

Schon als Kind war ich großer Fan solcher Sportereignisse. Ich schaute damals schon nahezu alle Sportarten und mich freute es besonders, wenn ein deutscher Sportler an den Start ging und vielleicht sogar eine Medaille gewann.

Auch die Besuche von Freunden, die vorbeikamen, wurden immer realer. Je realer diese Freundesbesuche wurden, desto mehr kam eine vom Gehirn gesteuerte Reaktion besonders zum Vorschein.

Ich begann zu weinen. Ich konnte es nicht verhindern. Sobald Besucher und bekannte Gesichter zu mir hineinkamen, weinte ich unkontrolliert und ausdauernd los. Im Fernseher an der Wand lief eine Reality Soap. Und nur, weil ich einen Wortwechsel von dort mitbekam, der die Schauspieler in Trauer versetzte und sie folglich anfingen zu weinen, fing ich ebenso an.

Dies war auch der Zeitpunkt, an dem ich das erste Mal mein Bett verließ und auf eine Liege transferiert wurde. Ich wurde in das angrenzende Bad gefahren und die Pflegerin meinte zu mir, dass wir heute das erste Mal zum Duschen fahren würden. Ich glaube, es gefiel mir und tat mir gut, das Bett einmal zu verlassen, auf einer fahrbaren Liege geschoben zu werden und das Wasser auf mich herab rieseln zu spüren.

Die Physiotherapeuten konnten mehr und mehr mit mir arbeiten. Ich fing an, deren Anweisungen befolgen zu können. Aber dass dies alles kein Traum war, war mir noch etwas länger nicht mal ansatzweise bewusst.

Dann war der Tag gekommen und ich wurde das erste Mal in einen Rollstuhl gesetzt. Seit sieben Wochen von OP bis hierhin lag ich nur in einem Bett oder auf einer Liege. Meine Beine waren dünn und abgemagert. Ich wurde vorsichtig und stützend im Krankenbett aufgesetzt und anschließend behutsam vom Krankenbett in den Rollstuhl verfrachtet.

Ich erblickte das erste Mal, wo ich hier gelandet war und wie es hier überhaupt so aussah. Es piepste durchgehend auf der Station. Diese Wahrnehmung, dieser Ton war allerdings schon in mein Unterbewusstsein gewandert. Es war die ersten Wochen sehr fordernd eine Zeit im Rollstuhl zu verweilen. Daraufhin wieder im Bett angekommen schlief ich nach wenigen Minuten ein.

Mein Vater meinte dann etwa zwei, drei Tage später, ob ich denn mal mit dem Rollstuhl auf den Balkon wollen würde. Ich gab ihm mit meinem Augenblinzeln ein ‚Ja'. Daraufhin wurde ich aus meinem Bett in den Rollstuhl gehoben und auf den Balkon geschoben. Ich sah die Sonne schon durch das Fenster leuchten. Mein Vater öffnete die Tür und schob mich über eine erhöhte Türschwelle hinaus.

Mein Vater setzte sich neben mich auf den Balkon. Er fing an zu tun, was er in diesen Wochen oft tat. Er füllte ein Kreuzworträtsel aus. Ich saß dort und genoss es wohl mal etwas Neues vor meine Augen zu bekommen. Ich kann nicht sagen, was genau in mir vorging, weil ich es nicht weiß. Zu abwesend und gelähmt war meine Person zu diesem Zeitpunkt noch.

Mein Vater holte sein bereits in die Jahre gekommenes Nokia Tastenhandy heraus und schoss mit diesem ein Foto von mir. Es war das zweite Foto von meiner Person nach diesem Schädel-Hirn-Trauma. Und ich bin dankbar, dass diese beiden Bilder bestehen und meine Erinnerungen bestätigen.

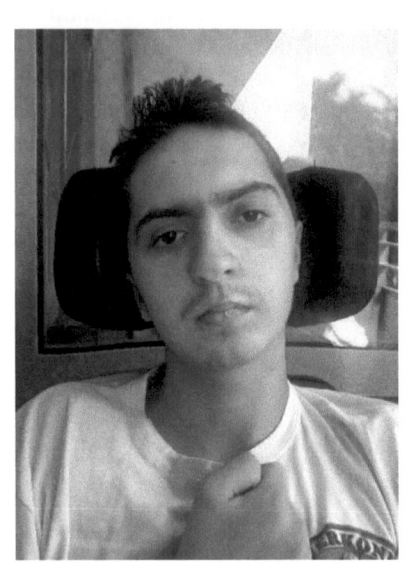

Die Haare auf meinem Kopf mussten aufgrund der Operation halbseitig kahlrasiert werden.

Mein Blick war noch immer leer, dennoch kann ich mich an diese Situation auf dem Balkon erinnern.

Meine Medikamente wurden immer weiter hinunter dosiert. Ich spürte zu keinem Zeitpunkt Schmerzen, nur diese lähmende, sehr hohe Spannung, die meinen Körper dominierte. Ich hatte keinerlei Kontrolle über ihn.

Tag für Tag besserte sich mein Zustand. Es waren nun etwa acht Wochen seit der Hirnblutung vergangen.

Ich vergleiche meinen Zustand gerne mit dem eines Neugeborenen. Nur, dass ich 1,80 m groß bin und daher als Riesenbaby zum zweiten Mal das Licht dieser Erde erblicken durfte – und dabei etwas mehr auf dem Buckel habe als ein Neugeborenes.

Meine Hände konnten sich immer mehr der Spannung entlösen. Ich fing an, erste Bewegungen mit meinen Händen und Fingern zu bewältigen. Vor allem durch ergotherapeutische Übungen wurde mir dies möglich.

Auch wurde ich immer öfter aus dem Bett geholt und in einen Rollstuhl gesetzt. Einmal fuhren mich meine Eltern in das Café im Erdgeschoss der Klinik. Sie bestellten sich beide einen Kaffee.

Ich hatte zu diesem Zeitpunkt noch immer eine Magensonde und wurde durch diese ernährt. Ich sah meinem Vater zu wie er seinen Kaffee trank. Der Kaffee war bedeckt von sanftem Schaum.
Ich visierte den Schaum an und mir lief das Wasser im Mund zusammen. Unbedingt wollte ich diesen verlockenden Schaum auf der Kaffeeoberfläche probieren. Mein Vater sah mich an, sah das Funkeln in meinen Augen und fragte: ‚Willst du etwa den Kaffee probieren? Oder den Schaum oben?'

Wieder schaffte ich es, meinen Willen ohne Worte oder wirkliche Zeichen zu übermitteln. Er nahm den Löffel, hob den Schaum aus dem Kaffee und brachte ihn mir vorsichtig näher.

Meine Zunge war ein Stein. Ich konnte sie kein Stück bewe-
gen. Den Mund selbst konnte ich auch nur schwer und stark
verlangsamt etwas öffnen oder schließen.

Ich öffnete mit großem Willen, aber eher mickrigen Erfolg meinen Mund. Mein Vater setzte den Löffel bei
mir an und gab mir einen Hauch vom Kaffeeschaum
in den Mundraum. Es fand eine wundervolle Ge-
schmacksexplosion statt. Meine Augen leuchteten auf.
Dieses Erlebnis, das erste Mal nach über zwei Monaten
etwas schmecken zu dürfen, kann man nicht in Worte
fassen.

Am Tag darauf kam Laura am späten Nachmittag hinein und sagte: ‚So Alex, schönes Wetter, Sonne scheint!
Du bist jetzt in einem Stadium, in dem ich dich mit
nach unten in den Hof schieben darf. Wir gehen heute
nach draußen!'

Bis auf das eine Mal auf dem Balkon und das andere
Mal in der Cafeteria war ich noch nicht außerhalb der
Station gewesen. Es fühlte sich toll an. Ich wurde über
den Aufzug, durch die Türe in den Hof nach draußen
geschoben. Das erste, was ich hörte, war ein angenehm
ertönendes Vogelgezwitscher. Dazu trat mir die Sonne
entgegen. Es war sehr schön mal wieder etwas Frisch-
luft atmen zu dürfen. Auf dem Hof waren im hinteren
Bereich Tiere wie Meerschweinchen in einem Gehege
und ein Gewächshaus mit sämtlichen Gemüsearten.
Es war harmonisch hier. Laura schob den Rollstuhl neben eine Bank, setzte sich selbst auf diese und begann
eine Zigarette zu rauchen.

Es war sehr aufregend mal etwas Normalität verspüren zu dürfen, gleichzeitig aber auch anstrengend eine längere Zeit im Rollstuhl zu sitzen. Mein Kopf und mein Hals hatten noch nicht die Stabilität sich von selbst zu halten, daher lehnte er sich immer an die Kopflehne des Rollstuhls an. Außerdem sabberte ich pausenlos aus dem Mund, da sich meine Muskulatur noch nicht auf dem Level befand dies zu kontrollieren. Aber ich war glücklich. Es war schönes Wetter. Ich sah die Sonne, den blauen Himmel und spürte den Genuss des Lebens. Ich genoss diesen Ausgang sehr.

In den Folgetagen visierte ich immer mehr Gegenstände an. Unter anderem eine Coca-Cola Flasche. Ich stellte mir vor, wie gut sie wohl schmecken müsste. Es musste traumhaft sein beispielsweise eine 0,3l Coca-Cola aus der Glasflasche trinken zu können.

Ich sah wie ein Mann in der Cafeteria einen Kuchen aß und dazu einen Kaffee trank. Das sah für mich aus wie ein Ding der Unmöglichkeit. Gleichzeitig fand ich es faszinierend, dass dieser Mann diese Freiheit hatte. Ich wollte das auch können. Es hat mich angestachelt, dass irgendwann selbst wieder zu können. Da zu sitzen, einen Kaffee zu trinken und sich nebenher einen Kuchen schmecken zu lassen.

Mir wurde in dieser Zeit meine Selbständigkeit in meinem Leben genommen. Ich war zu 100 Prozent abhängig von den Menschen um mich herum.

Dann war es angerichtet. Ich wollte Laura überraschen und das Reden beginnen. Als sie hereinkam und ich mir vornahm etwas zu sagen, hatte ich jedoch plötzlich ein starkes Gefühl es doch erst einmal bleiben zu lassen.

Sie war im Laufe des Abends eine Zigarette rauchen und kam danach wieder in mein Zimmer. Ich dachte, nun sei der Augenblick gekommen, um sie mit meinen ersten Worten zu überraschen. Ich spürte eine Art Aufregung. Immerhin wollten mich alle Menschen um mich herum reden hören. Ich hatte bis dahin nicht einmal einen Ton herausgebracht. Bis auf ein Gähnen kam nichts aus meinem Mund.

Als sie durch die offene Tür an meinem Zimmernachbarn vorbei zu mir ans Bett kam, wollte ich mein Schweigen brechen. Doch es kam kein Wort heraus, nichts. Lediglich ein leiser Brummer war zu hören. Laura schaute mich etwas verdutzt an und konnte nicht herauslesen in welcher Situation ich mich gerade befand. Ich wollte sie mit meinen ersten Worten überraschen, doch ich gab nur einen kurzen, leisen Ton von mir – wenn überhaupt.

Ich merkte, dass mir auch das Reden genommen wurde. Ich war nicht schockiert. Es war die reine Feststellung einer Tatsache. Ich hatte gemerkt, dass ich gar nicht reden konnte und daraufhin verstand ich auch mein Umfeld, weswegen sie so oft einen Ton von mir hören wollten. Es war nicht möglich. Ich konnte keinen wirklich hörbaren Ton von mir geben und das wurde mir an jenem Abend bewusst.

Ich merkte einen immer größer werdenden Willen in mir, sich wieder verständigen zu können, Kaffee und Kuchen verspeisen zu dürfen und einfach meine eigene Selbstständigkeit zurück zu erlangen. Daraufhin erhöhte sich meine Aktivität enorm. Das Morphium war nun so hinunterdosiert, dass ich mein Gedächtnis in großem Umfang wieder benutzen konnte. Und so steigerte sich meine Beteiligung an Therapiestunden, die nun das erste Mal im Rollstuhl und in einem anderen Raum als meinem Zimmer stattfanden. Auch kam ich das erste Mal in ein sogenanntes Motomed. Ein Fahrrad, welches für Rollstuhlfahrer geeignet ist und man in seinem Rollstuhl sitzend mit den Beinen strampelt.

Die Mitglieder meiner Ultragruppierung brachten mir eine übergroß gemalte Grafittileinwand, worauf ein ‚Kämpfen Alex' zu lesen war. Ebenso waren viele Namen Drumherum gestanden.
Ich merkte allmählich, nach gut neun Wochen, dass dies alles vielleicht doch kein Traum war, ich hier wirklich liege, in einem Krankenhaus und es jetzt zählte, mich selbst zurückzubringen. Ich blickte ziemlich oft dieses Grafittibild an und las immer wieder:

‚Kämpfen Alex!'

‚Kämpfen Alex!'

‚Kämpfen Alex!'

Mir wurde immer mehr bewusst, dass das hier die Realität war und wenn ich meine Träume erfüllen wollte, einen Kaffee oder eine kalte Cola zu trinken, einen

Kuchen zu essen oder generell einen Geschmack zu empfinden, dann musste ich nun etwas dafür tun.

Ich musste jetzt aktiv werden und meine Ziele und Träume verfolgen.

Dann kam ich auch das erste Mal auf einen Lokomat. Dies ist ein Roboter, in dem man eingespannt wird, um gelähmten Menschen das Laufen zu ermöglichen. Als ich eingespannt war, hob mich der Roboter an und begann mit mir Schritte zu gehen. Unter mir befand sich ein Laufband, auf welchem ich sanft auftrat. Auf der Anzeige vor mir waren meine Schritte angezeigt worden. Ich fokussierte mich nur auf diese Zahl, die mit jedem Schritt mehr wurde. Ich verbiss mich darauf, die Zahl in die Höhe steigen zu lassen. In den Händen hatte ich immer wieder neue Taschentücher bekommen, um meinen Sabber, der wie ein Fluss aus meinem Mund lief, aufzufangen.

Nach wenigen Minuten waren meine Taschentücher so nass, dass ein Wechsel zu neuen, trockenen nötig war. Es war für meinen Körper mit einem großen Aufwand verbunden, diese Bewegungen zu absolvieren. Mit jedem Mal auf dem Lokomat konnte ich noch mehr Schritte erzielen.

Es lief so ab, dass ich sabbernd in diesem Roboter hing, vor Schweiß triefte und dabei aussah, als würde ich gleich in Ohnmacht fallen. Nichtsdestotrotz wollte ich nicht aufhören.

Bei der Frage ‚Alex, reicht es jetzt? Ich glaube es reicht! Du hast wieder mehr Schritte als letztes Mal geschafft – Super!' formte ich, mit meinen noch verkrampften Fingern einen Daumen nach unten. Das ganze Gerät wackelte dabei. Ich wollte nicht aufhören. Viel mehr wollte ich die Zahl vor mir immer weiter in die Höhe treiben. Es entwickelte sich ein enormer Kampfgeist in mir.

Eines Abends fing ein Pfleger mit unterstützender Hand von Laura an, mich im Bett mit einer Schüssel selbst die Zähne putzen zu lassen. Es war ein Versuch und es sah dabei auch sehr wild aus, wie ich mit der Zahnbürste hantierte. Aber ich putzte mehr oder minder meine Zähne selbst.
Meine Motivation wurde durch solche Dinge immer noch weiter gesteigert. Es überkam mich das Gefühl von Erfolg. Jeden Tag schaffte ich bei etwas, eine bessere Leistung als in den vorherigen Tagen. Ich begann Dinge selbst vollrichten zu können.

Mittlerweile hatte ich dann zudem auch aktiv Logopädie. Dabei stellte die Therapeutin schnell fest, dass meine Zunge reglos in meinem Mundraum lag und es für mich keine Möglichkeit gab, diese zu bewegen. Daher kam auch kein Ton aus mir heraus. Es wurde angefangen, mir mit einem rutschfesten Tuch bei geöffnetem Mund meine Zunge mit den Fingern herauszuziehen. Immer wieder wurde meine Zunge bis auf Anschlag herausgezogen. Sie versuchten, die Zunge zu aktivieren, ihr einen Reiz zu geben, eine gewisse Dehnung hervorzurufen. Und es zeigte nach wenigen Tagen die erste Wirkung.

Später legte man mir ein kleines Stückchen Apfel, in einer Art Fischnetz befindlich, in den Mund und ich sollte versuchen, darauf herumzubeißen. Ich konnte meinen Biss nicht steuern. Die Therapeutin gab mir also das eingenetzte Stück Apfel in den Mundraum, aber es passierte nicht wirklich etwas. Lediglich ein einzig leichter Biss in das Netz kam reflexartig. Die Therapeutin nahm das Netz samt Apfel wieder aus meinem Mund und tatsächlich war ein kleiner Biss im Apfel zu sehen. Sie meinte, dass sei ein guter Anfang.

Ich war so motiviert, mich immer weiter zu verbessern. Daher gab sie mir die ersten Übungen, die ich im Bett mit meinem Mund üben konnte. Zu jeder freien Zeit absolvierte ich diese Übungen. Ich wollte das alles unbedingt wieder erlernen.

Ich war schon zwei Wochen in meinem neuen Zimmer, mit neuem Bettnachbar, als mein alter Bettnachbar an meinem Zimmer im Rollstuhl vorbeirollte. Nebenher lief seine Frau.

Er rief fröhlich: ‚Hallo Alex, wie geht's dir?'

Er war ein anderer Mensch. Noch vor fünf Wochen lag er im Bett und hatte dicke, ausgestopfte Handschuhe an, welche verhinderten, dass er sich selbst keine Schläuche zog oder die Pfleger handgreiflich an ihrer Arbeit hinderte. Außerdem röchelte er oft lautstark und es wurde ihm immer wieder der Schleim mit einem Schlauch aus dem Mund- und Halsraum herausgezogen.

Und nun düste er an meinem Zimmer vorbei und sprach zu mir mit einem fröhlichen Grinsen. Es schien mir unmöglich, welch Entwicklung dieser ältere Herr gemacht hatte, es freute mich sehr für ihn. Auch steigerte es meine eigene Motivation.

Meine Mundaktivität verbesserte sich nun nahezu täglich. Erste kleine Bewegungen mit meiner Zunge wurden mir möglich. Aus einem Biss wurden, zwei, dann drei Bisse. Im Motomed und dem Laufroboter befand ich mich ebenso immer regelmäßiger. Ich fing auch damit an mir jeden Abend die Zähne, erst selbstständig im Bett, wenige Wochen später im Rollstuhl am Waschbecken zu putzen. Ich schaffte es zudem nach wenigen Wochen meine Zunge über meine Lippen gleiten zu lassen.

Auch wurde von meiner Physiotherapeutin an meine Eltern herangetragen, man solle mir mal mein Handy mitbringen und einfach in die Hand geben.

Vorher wurde mir immer die Fernbedienung des Fernsehers in die Hände gegeben. Nach einer Zeit konnte ich diese auch größtenteils krampflos bedienen und daher kam die Therapeutin auf die Idee, mir doch mal mein Handy vor die Nase zu halten, da es sich schließlich um ein gutes Fingertraining handeln würde.

Das erste, was ich machen wollte, als mir mein Mobiltelefon vor Augen gehalten wurde, war das Forum unserer Ultragruppierung aufzurufen.
Die verschlüsselte Internetadresse dieses Forums ähnelte einem Wortsalat, wie:

www.gruener-boden.spagatfreunde-herrenbach.de

Da ich noch nicht in der Verfassung war, selbst gezielt Buchstaben anzutippen, musste Laura diese Internetadresse eingeben. Sie ging lautstark das ABC hindurch und bei dem Buchstaben, den sie eingeben sollte, gab ich ein Zeichen von mir. Anfangs dachte sie, ob ich nun komplett abgetreten sei und den Raum allmählich verlassen würde.

‚Was soll das sein? Ist das gerade dein Ernst?'

Ich gab ihr einen Daumen nach oben und sie tippte die Adresse weiter in das Mobiltelefon. Sie schaute höchst skeptisch dabei. Als eine Webseite zum Vorschein kam, auf der der Name der Gruppe zu sehen war, sah ich eine riesige Erleichterung in ihren Augen.

Das war der Moment, in dem Laura wirklich zu verstehen bekommen hatte, dass ich in diesem leblosen Körper stecke und wieder Zugriff auf meine Gedanken hatte und bei vollem Bewusstsein war.

Es war eine Art Erlösung von ihren Gedanken, die sich um meine Person drehten. Nach all den Tagen und Wochen der Ungewissheit, nun so ein positives Feedback meinerseits. Ich konnte mich an diese so irrsinnige Internetadresse erinnern. Ich war mit dem Kopf in der Realität angelangt.

Meinen Eltern wurde zu dieser Zeit mitgeteilt, dass sie sich um eine behindertengerechte und ebene Wohnung umschauen sollten. Sie sollten lieber früher schauen, da ich hier in dieser Frührehabitilation nicht allzu lange Zeit verweilen könnte.
Vor dem Unfall, mit 17 Jahren, zog ich schon in die Wohngemeinschaft, die unserem verstorbenen Freund und Bruder Dani gewidmet war und auch mein dortiges Zimmer wurde infrage gestellt. Laura setzte sich anschließend sehr für das Erhalten des Zimmers ein. Sie glaubte an mich und mein Zurückkommen. Die Ärzte sagten, dass ich mit sehr großer Wahrscheinlichkeit für den Rest meines Lebens im Rollstuhl landen würde.

Ich bekam davon auch etwas mit, allerdings ging es mir nicht nahe. Ich spürte so eine Motivation und einen Kampfgeist in mir, dass diese Information über meinen Gesundheitszustand und die damit zusammenhängende Prognose nicht einmal annähernd an mich herankam.

Meine Fingertätigkeit mit dem Handy nahm schnell zu. Ich konnte nach guten zehn Tagen das Handy wieder selbst bedienen. Zu Beginn sah es, ähnlich wie beim anfänglichen Benutzen der Zahnbürste, sehr wild aus, wie ich mit dem Telefon hantierte. Mein Handy lag auf einem Kissen inmitten meiner Brust und mein Daumen versuchte etwas einzutippen. Das besserte sich kontinuierlich. Auch die Besuche nahm ich endlich mit vollem Bewusstsein wahr. Ich konnte mit meinen Freunden interagieren, schrieb sogar den ersten Leuten Nachrichten über mein Handy. Es waren in den ersten Wochen nur einfache Antworten auf Nachrichten, die hineinkamen wie: ‚Hey Alex, du bist ein Kämpfer, immer weiter!'. Daraufhin schrieb ich ein simples ‚Danke!' zurück.

Es waren die ersten Zeichen dafür, dass ich vom Kopf her wieder in die Realität zurückkehre. Ich hatte mein Handy immer in der Schublade neben meinem Bett und ich holte es jeden Tag für etwa zehn Minuten heraus und antwortete einigen Leuten, die mir geschrieben hatten.

In der Logopädie ging das Beißen nun immer besser. Ich konnte das Stück Apfel in meinem Mund mehr und mehr zerkauen. Der nächste Schritt war das Schlucken eines dickflüssigen Apfelsaftes.

Ich dachte zunächst, weshalb so ein großes Ding daraus gemacht wird. Ich würde doch wohl etwas schlucken können.

Mir wurde der Apfelsaft in den Mund geführt und ich spürte einen enormen Widerstand. Der dickflüssige Apfelsaft wollte nicht hinunter, stattdessen kam er nach kurzer Zeit wieder aus meinem Mund geflossen. Es kam kein Schluckreflex.

Ich war, um ehrlich zu sein, etwas entsetzt und fragte mich, ob mir denn eigentlich wirklich jede menschliche Funktion genommen worden sei. Aber im Endeffekt stachelte es mich nur an, dies wieder zu erlernen.

Dahingehend hieß es, meine Zunge sei für den Schluck noch nicht fit genug. Auch das Gaumensegel müsse mehr aktiviert werden. So übte und übte ich immer weiter.

IV. Randnotiz

Ich benötige mal wieder eine kurze Pause über diese Zeit zu schreiben. Mein Kopf braucht ein paar Zeilen für sich. Die letzten Zeilen sind verbunden mit krassen Erfahrungen, die ich da durchlebt habe.

Ich benötigte nach dem Erzählen des Vorfalls mit meinen Brüdern Max und Dani einen Wechsel der Location. Bis dahin schrieb ich immer in meinem WG-Zimmer oder auf dem angrenzenden Balkon. Nach dieser Thematik benötigte ich einen Tapetenwechsel zum fortlaufenden Schreiben.

Daher fuhr ich mit meiner Mutter meine Großmutter in Baden-Württemberg besuchen. Meine Mutter fuhr und ich versuchte nach kurzer Fahrtzeit an diesem Buch hier weiterzuarbeiten. Kurz vor Abfahrt wurde mir bewusst, dass ich nun dieses Kapitel der letzten drei Jahre aufschlagen will. Ich wollte diese Zeit mit meinem Kopf und meinem Verstand noch einmal durchleben. So fing ich auf der Fahrt zu meiner Großmutter an, darüber zu schreiben. Der Tapetenwechsel war gelungen. Ich schrieb an diesem Wochenende, bei dem ich bei meiner Oma hauste, gut über zehn Seiten. Es ist nicht so leicht, die genauen Erlebnisse und Fortschritte meiner Person zu dieser Zeit im Krankenhaus zeitlich exakt zu zuordnen. Es ist mit einer hohen Konzentration verbunden und geht durch tiefe Gedankengänge hindurch.

Als ich letztlich zurück war, spürte ich wieder dieses Gefühl nicht mehr so wie am Anfang die Zeilen heruntertippen zu können.

Ich tat mir schwer voranzukommen. Immer wieder las ich die letzten Seiten und fand Verbesserungen oder zeitlich falsche Anordnungen. Ich schaffte es dennoch, mein Geschriebenes weitestgehend richtig zu sortieren und ergänzte hier und da noch einen Absatz.

Aber dieses Gefühl der Erschwertheit beim Schreiben hielt an und es gefiel mir nicht. Es beunruhigte mich. Zufällig hatten zwei gute Freunde und ich die Idee, spontan dem Land ein paar Tage zu entfliehen.

Deswegen sitz ich nun hier. Auf einem Balkon einer Wohnung in Kroatien, die einem ebenfalls guten Freund, Ivan, gehört und schreibe diese Zeilen.

Vor mir der Blick auf das Meer. Die Sonne scheint und es wirkt sehr belebend hier zu sitzen.

Ich merke, dass es wohl nicht an der Location liegt, über dieses Thema zu schreiben. Es liegt an der Intensität dieser Zeit. Diese Zeilen tun mir gut. Dir, als Leser, davon zu berichten, wie ich mich dabei fühle und wo ich mich gerade aufhalte. Dieses Buch entsteht nicht durch einfaches Schreiben und Erzählen. Es hängt weitaus mehr daran.

Ich fange an zu verstehen, dass ein Buch zu schreiben sehr viel mehr ist als ich zu ahnen wusste.

<u>Abschnitt 2 – Step by Step</u>

Es war der 3. September, also die zehnte Woche nach der Hirnblutung. Es war mein Geburtstag. Ich konnte mein Handy mittlerweile einwandfrei bedienen.

Meine rechte Hand hatte gelernt damit umzugehen und größtenteils seinen Feingefühlsinn wiedererlangt. Essen und Trinken durfte ich bis dato noch nicht. Bis auf den Kaffeeschaum und während der Therapie einen dickflüssigen Kakao oder Apfelsaft, hatte ich noch nichts in meinem Mund schmecken dürfen. Mein Vater brachte gegen Nachmittag einen selbstgebackenen Käse-Nusskuchen mit, für welchen er bekannt war und welcher mir auch immer sehr zugesagt hatte.
Ich durfte ihn lediglich bewundern und innerlich von dem Geschmack schwärmen. Er war gedacht für die Pfleger und Freunde, die an jenem Tag in der Klinik anwesend waren. Ich schaute meinen Vater und die Pflegerin mit großen Augen an, um vielleicht doch ein kleines Stück probieren zu dürfen. Erfolglos.

Abends überzeugte ich mit meinem großen Willen Laura dann doch. Ich durfte versuchen in Anwesenheit einer Pflegerin den weichen, oberen Teil des Kuchens zu probieren. Ich schluckte diesen Traum eines Geschmacks nahezu problemlos hinunter und wurde daraufhin gierig nach mehr. Ich wollte, nachdem der obere Teil des Kuchens verspeist war, auch den leckeren Kuchenboden probieren. Da der Boden allerdings fester war und ich noch nicht in der Lage war diesen gut zu zerkauen, musste Laura mir den Teller wegnehmen, bevor ich an den Kuchenboden gelangen konnte.

Ich hatte die Gabel schon Richtung Kuchenboden gerichtet, als mir der Teller vor der Nase weggezogen wurde.

Am Vormittag meines Geburtstags kam als erstes meine Mutter und anschließend auch mein Freund Nic, der aus den Realschulzeiten und den YouTube-Videos im Unterricht vorbei, um mich zu besuchen. Nic hatte sich an dem Tag in der Arbeit freigenommen, um mich besuchen zu können. Ich freute mich sehr. Nach seinem Klassenwechsel und meinem Abschluss hatten wir nicht mehr allzu viel Kontakt. Wir sahen uns selten und schrieben uns nur ab und zu. Trotzdem stand er an meinem Geburtstag am Vormittag bei mir in der Klinik auf der Matte. Das werde ich nie vergessen. Er brachte mir als zusätzliches Geschenk drei Shirts von Nike mit.

Auch mit den Pflegern und Therapeuten um mich herum interagierte ich immer mehr. Da sich in dieser Frühreha-Klinik vorwiegend ältere Menschen befanden, stach ich mit meinen noch jungen 20 Jahren, der hohen Motivation und guter Laune doch heraus. Und es war auch für die Pfleger eine Abwechslung, mal einem jungen, noch knackigen und motivierten Burschen den Po zu wischen.

In der Zeit fing ich auch an, nur noch nachts eine Windel zu tragen. Ich rollte nun schon selbst auf die Toilette. Auch wenn man mir noch helfen musste, vom Rollstuhl auf die Klobrille zu klettern. Es war ein weiterer Erfolg. Ein weiterer Schritt in Richtung meines großen Zieles, der Selbstständigkeit!

Am späten Nachmittag kam noch eine mehrköpfige Truppe von Jungs aus dem Fußballkreis und Mitglieder meiner Gruppe vorbei. Wir gingen nach unten hinaus in den Innenhof der Klinik. So richtig kommunizieren konnte ich an jenem Tag noch nicht. Nur über mein Handy war es mir mittlerweile möglich klar, verständliche Aussagen zu tätigen.

Wenn man mit mir in den Innenhof wollte, musste man mich über einen Aufzug nach unten fahren. Ich beobachtete dabei öfter eine Wunde an einer meiner Kopfseiten. Ich hatte diese Wunde bisher noch nicht wirklich wahrgenommen, geschweige denn zu Gesicht bekommen. Im Aufzug aber waren verspiegelte Stellen und ich erkannte, dass dies wohl die Narbe meiner Operation am Kopf sein musste.

Es war ein gelungener Geburtstag. Ich durfte am Kuchen naschen, Freunde kamen, auch Familienmitglieder waren da, liebe Pfleger und Pflegerinnen um mich herum. Es war im Nachhinein betrachtet eine sehr schöne Zeit dort gewesen.

Durch meinen Kampfgeist und der zugehörigen Fortschritte und Belohnungen hatte ich eine fantastisch ruhige Grundstimmung in mir. Ich bin bis heute dankbar, dort gelandet zu sein. Es war das Beste, was mir passieren konnte.

Ein weibliches Gruppenmitglied schrieb mir an meinem Geburtstag: ‚Alles Gute, Alex! Wie alt wirst du denn?' Ich antwortete mit einem kurzen ‚Danke, 20!'

Einige Monate später stieß ich nochmals auf diese Nachricht und verstand dann erst ihre Frage aus einem anderen Winkel zu verstehen. Es war ein Test. Weiß er, wie alt er wurde?

Ich hatte als Geschenk der Station ein selten gesehenes Einzelzimmer bekommen. Ein Einzelzimmer war nur für Patienten gedacht, deren Zustand sich noch nicht auf einem stabilen Niveau befand. Da dieses Zimmer ein paar Tage frei wurde, ließen sie mich dort hausen. Keine weitere Person neben mir, deren Gerät dauernd piepste. An diesem Punkt wurde mir wieder klar, wie schön es war, ein eigenes Zimmer zu haben.

Meine Mutter rutschte am Abend darauf auf dem Gang in eine missliche Lage. Die Ehefrau eines Mannes, der ebenfalls in dieser Klinik stationiert war, erfragte bei meiner Mutter, weswegen ihr Sohn sich nun in einem Einzelzimmer befand. Meine Mutter antwortete ehrlich, sie habe öfters danach gefragt. Am nächsten Tag musste ich dieses Einzelzimmer wieder verlassen, da diese Frau darauf bestand, dass wenn ich ein Einzelzimmer bekam, sie auch eines für ihren Mann wolle. So erledigte sich dieses schöne Gefühl eines Einzelzimmers.

Dennoch, zumindest an meinem Geburtstag durfte ich dieses Gefühl erfahren.

Am 10. September hatte ich wider Mals eine neuropsychologische Therapiestunde. Ich musste in diesen Therapiestunden unter Anderem am Computer mit einer Maus, deren Klicktasten mit Farben markiert waren, plötzlich erscheinende Rechtecke anklicken. Es ging darum, wie schnell ich das Rechteck aufleuchten sah und wie viel Zeit ich benötige, um die Reaktion zu bringen darauf zu klicken, damit es wieder verschwindet.

Auch in dieser Therapie machte ich beachtliche Fortschritte. Ich kam immer näher an den Normwert von gesunden Menschen in meinem Alter heran, die solch Übungen absolvierten.

An besagtem Tag gab mir der Neurologe einen Stift und ein noch leeres Arbeitsheft in die Hand. Ich sollte heute Abend im Bett mit meinem Stift einen kleinen Zeitungsbericht abschreiben. Dies sollte ich, ein paar Tage versetzt, immer wieder tun.
So würde ich mein Schriftbild trainieren und wenn ich fleißig wäre, würde es von Seite zu Seite besser werden.

Als ich am späten Nachmittag im Bett lag, versuchte ich mich an meinen ersten Sätzen. Ich dachte, wie schon bei einigen Dingen zuvor, dass ich es doch wohl wieder können würde, einen kurzen Zeitungsabschnitt abzuschreiben. Meine rechte Hand war nun immerhin wieder voll funktionsfähig gewesen.

Als ich losschrieb, merkte ich, dass dies wohl auch nicht mehr in meinem Repertoire lag. Ich musste mich enorm anstrengen, um die Buchstaben überhaupt etwas erkenntlich wiederzugeben.

Die ersten zwei Zeilen schrieb ich noch innerhalb der Zeilenangabe. Bei den darauffolgenden Zeilen sah man mir die damit verbundene Anstrengung an, diese Zeilen überhaupt leserlich zu Schrift zu bringen. Nach dem ersten kleinen Zeitungsabschnitt machte ich eine Pause.

Vier Tage später, am 14. September schrieb ich weiter und merkte schon einen klar zu erkennenden Fortschritt. Durch die Handübungen mit den Therapeuten wurde es immer besser. Ich musste nicht einmal viel schreiben. Alle paar Tage schrieb ich einen kurzen Artikel ab. Es wurde immer leserlicher.

Ich hatte vor dem Trauma eine der schöneren, männlichen Handschriften. Einmal im Unterricht in der Realschule kam meine Klassen- und Deutschlehrerin zu mir und fragte mich, wer mir das geschrieben hätte. Sie glaubte mir nicht, dass ich diesen Aufsatz geschrieben habe. Er war zwar inhaltlich nicht sonderlich gut, dafür sah die Schrift ihr dennoch zu weiblich aus. Ich holte meinen Block heraus und zeigte ihr irgendeinen Eintrag, den ich mitgeschrieben hatte. Sie erkannte, dass es tatsächlich meine Schrift in dem Aufsatz gewesen ist. Es war die gleiche Lehrerin, die Nic und mich mit den YouTube-Videos konfrontierte.

Und nun hatte ich keine Kontrolle mehr über die Stiftführung. Es überraschte mich wieder einmal.

Datum 16. Sept 2019

0:0 gegen Frankreich 2:1 Zittersieg gegen Portugal: rund um das Vorrundenspiel. Es wurde viel spekuliert, jetzt reden alle.

Buchendete finde Mittzwei-Dreu Turon Thena Alex klingenverdächtig

Re-Parp, schlechte Technik, energige Siege der Zuschauer bis jetzt

an der Bruse Huten die beiden Tortchutten während der Spiel die eigentlichen Jan.

Nein behauptet zumindest Nadine selbst

In einem RTL-Livestream beantwortete das TV-Paar die Fragen von neugierigen Fans und Zuschauern.

Unsentlich nahmen sie auch das Theater angenommen.

Wir waren im Pool, wir haben auch etwas getrunken. Er und ich immer, sagt sie. Die Chöre, In unser leben gern, aber nein! verneinte Nadine die für Trucks

Hallo von wie A ca. Pic 20 Jahre alt   14 Olt

Kiffen erlaubt? In mehreren Ubundesstaaten
Können Erwachsene jetzt Cannabis ganz legal
im Laden kaufen - auch ohne Rezept:
Welche Folgen hat das? Und was lernen wir daraus
für die hiesige Debatte um eine mögliche Legalisierung?

Seit 2012 haben insgesamt neun US-Bundesstaaten
den Freizeitgebrauch von Cannabis freigegeben, weitere haben
ihn entkriminalisiert oder für medizinische Zwecke gesetzlich
Nur wenige verfolgen Konsumenten noch als Straftäter

Von wem ich in dieser Zeit sehr beeindruckt war, ist meine kleine Schwester. Noch im August bekam sie mich zum ersten Mal zu Gesicht. Sie war in demselben Monat neun Jahre alt geworden. Ihr wurde behutsam erklärt, dass ihr großer Bruder krank sei, eine Operation hinter sich hatte und sich in einer Klinik befinden würde.

Sie wurde achtsam über meine Person aufgeklärt und außer des Bildes, welches sie an ihrem Geburtstag von Laura bekommen hatte, hatte sie keinerlei Kontakt oder bildliche Vorstellungen von meiner Person.

Als meine Schwester das erste Mal auf die Station kam und durch meine Zimmertür ging, hatte sie eine kindliche Schutzreaktion gezeigt. Sie kuschelte sich fest an meinen Vater, der sie mitgebracht hatte. Sie wäre am liebsten in ihn hineingeschlüpft. Dennoch zeigte sie eine hohes Maß an Tapferkeit und versuchte zierlich, die aktuelle Situation in diesem Raum zu verstehen. Mit kurzen Blicken musterte sie den Raum. Sie sah ihren großen Bruder, der in diesem Bett lag und sich nicht bewegen und verständigen konnte.

Zu diesem Zeitpunkt war ich noch nicht annähernd bei vollem Bewusstsein. An diesen ersten Besuch kann ich mich daher weniger erinnern. Ich musste an dieser Stelle andere Personen befragen, inwiefern das zu Beginn mit meiner Schwester abgelaufen war. Ich kann mich lediglich daran erinnern, dass dieses kleine Mädchen verdammt stark und tapfer gewesen ist.

Schon am zweiten Besuchstag öffnete sich ihre kleine, unschuldige Seele. Sie kam zu mir ans Bett und gab mir ein Küsschen auf die Backe. Später schob sie mich im Klinikgebäude umher und verbreitete gute Laune auf der Station.

Ich bekomme gerade beim Schreiben eine Gänsehaut. Es macht mich sehr stolz, wie stark mir dieses Kind entgegentrat.

Noch am Anfang, als meine Schwester erst zum dritten Mal zu Besuch war, schossen mein Vater und sie ein Foto zusammen mit mir. Zu diesem Zeitpunkt neigte sich der August gerade dem Ende zu, also noch vor meinem Geburtstag.

In diesem Augenblick, als wir dieses Bild aufgenommen hatten, freute ich mich. Ich war glücklich. Nur diese Glückseligkeit kam bei meinem Gegenüber nicht an. Mir fehlte die Mimik im Gesicht, um mein Empfinden zum Ausdruck zu bringen.

Bei dem Bild auf der nächsten Seite wirst du merken, von was ich dir hier gerade erzähle. Du siehst mir keine Glückseligkeit an. Dennoch war diese Glückseligkeit in diesem Moment anwesend. Sie kam aus meinem tiefen Inneren.

Egal, ob meine Eltern oder Laura. Sie zeigten mir immer gute Laune. Auch wenn in ihnen selbst ein wahnsinniges Tumult herrschte. Die letzten Wochen bangten sie um mein Leben, zwar war ich nun stabil in der zweiten Klinik, aber wie weit geht mein Weg?

Die Ärzte gaben Hiobsbotschaften. Es wurde sich über eine barrierefreie Wohnung informiert. Es herrschte eine so lange Zeit Unklarheit um mich.

Aber dann, wenn sie zu mir hineinkamen, war immer ein Lächeln zu sehen. Sie alle sprühten mir gegenüber vor positiver Laune. Dies wurde mir von meiner jetzt damaligen Partnerin, Laura, in etwa so erzählt:

‚Jeden Tag fuhr ich zu dir. Meine Gedanken sprudelten auf der Fahrt in die Klinik in mir herum. Ich weinte auch oft dabei. Ich lief jeden Tag die Treppen zu dir nach oben und auf den letzten Stufen legte ich immer einen Schalter in mir um, den Schalter der positiven Energie. Ich fing an zu grinsen und ging hinfort durch die Brandschutztür der Station in Richtung deines Zimmers und empfing dich dort mit einem Lächeln und guter Laune.‘

Krass! Diese Worte gehen mir sehr nahe. Ohne diese Einstellung und diese Leistung wäre ich nicht so fröhlich und motiviert gewesen. Mir wurden ausschließlich gute Laune vorgelebt. Und ich erfüllte diese mit einem unglaublichen Ansporn.

175

Ab dem 10. September befanden sich auch meine ersten Selbstporträts auf dem Handy. Ab diesem Tag fing ich vermehrt damit an, mit meinem Handy zu interagieren. Ich wollte meinen Kontostand wissen und so loggte ich mich mal flott in meinen Bank-Account ein. Meine Mutter saß neben mir und konnte ihren Augen nicht trauen. Sie dachte schon darüber nach, wie wir an meine Zugangsdaten für Banking etc. kommen könnten. Da meldete ich mich mal schnell an, als wären die letzten zweieinhalb Monate nie gewesen. Auf die Frage meines Umfelds, ob denn mein Gedächtnis wieder im Gange sei, erbrachte ich immer mehr Bestätigungen.

In unmittelbarer Nähe der Narbe, des Schnitts der Operation, liegt ein wesentlicher Teil des menschlichen Gedächtnis. Das Schicksal wollte mir mein Gedächtnis bewahren und nahm mir stattdessen alle körperlichen Funktionen. Wenn ich ehrlich bin, bin ich verdammt froh, dass es sich für diese Variante entschieden hat. Lieber habe ich keine körperlichen Funktionen, erkenne dafür aber meine eigenen Eltern und habe alle Erinnerungen in meinem Kopf.

Denn was bleibt im Leben, ist die Erinnerung.

Das Gehirntraining mit dem Neurologen in der Klinik brachte mich gut voran. Wie sich später herausstellte, kann ich mir nun sogar schneller mehr merken als noch vor dem Unfall, weswegen ich sehr dankbar für diese Therapiestunden bin. Ich entdeckte zudem im Laufe der Zeit, dass ich ein eher fotografisches Gedächtnis besitze.

In diesen Tagen kam Dome, ein stets aktiver Kamerad, vorbei und schnitt mir zum ersten Mal meine halbe Frisur zurecht. Er tat dies mit einem einfachen Rasierer. Es war eine Erlösung. Vor dieser Hirnblutung war ich jede Woche zu meinem Friseur gerannt und hatte meine Kopfseiten immer auf Glanz polieren lassen. Nun endlich wieder der Ton des Rasierers an meinem Kopf. Man konnte es noch keine Frisur nennen. Es wurde eine Basis geschaffen und auf 9mm alles hinunter rasiert. Und es war ein befreiendes Gefühl. Es tat wahnsinnig gut. Es fühlte sich wie ein großer Luxus an. Ich saß mit meinem Rollstuhl im angrenzenden Bad meines Zimmers in der Klinik und ließ mir von einem Kameraden die Haare abrasieren.

Es war ein sehr schönes Lebensgefühl, welches ich in jenem Moment verspürt hatte.

Meine Fortschritte stiegen nahezu täglich. In der Therapie fing man an mich immer öfter auf meine zwei Beine zu bringen. Etwas später schaffte ich mit Hilfestellung meine ersten Schritte und ging meine ersten Stufen auf der Treppe. Mein rechter Fuß war beweglicher und konnte sich selbstständiger bewegen und die Treppenstufe ohne Hilfe überwinden. Um den linken Fuß wurde eine Binde gewickelt, mit welcher die Therapeutin meinen Fuß auf die nächste Stufe anhob.

Außerdem waren meine Oma und meine Tante nun jedes Wochenende aus Baden-Württemberg angereist. Es war schön die ganze Familie um und hinter sich zu haben. Nicht jeder hat dieses Glück und daher schätzte ich dies sehr, eine starke Familie und Freunde hinter mir zu haben.

Auch meine Mutter hatte großen Anteil an der ausschließlich positiven Energie in meiner Gegenwart. Von Beginn an war es ihr wichtig, dass Besucher und auch Pfleger mir immer frohgesinnt entgegentraten.

In den ersten Wochen war das sicherlich nicht einfach, mir so positiv entgegenzutreten. Im ersten Moment, auf den ersten Blick überkam es dem ein oder anderen. Mich, seinen Freund, so zerrupft in diesem Krankenbett liegen zu sehen.

Am 24. September 2018 jährte sich der Todestag meiner Brüder Max & Dani zum dritten Mal. Die Tage zuvor hatten Laura und ich erörtert, ob ich es mir denn zutrauen würde, an diesem Tag zu mir nachhause zu fahren, um dann meine WG und die beiden Gräber zu besuchen.

Ja, ich wollte unbedingt mal etwas anderes sehen als das Gelände meiner Klinik. Im Anschluss klärte Laura es mit den Pflegern und Ärzten ab und ich durfte diesen einen Tag über nachhause in meine Heimat und Wohnung.

Ich konnte nun einzelne Wörter schon weitestgehend deutlich von mir geben. Zu Beginn führte Laura ein, wenn Freunde mich besuchen kamen, sollte ich versuchen, die Namen der Personen aufzusagen, die mich heute besuchten. Das war neben der Logopädie Therapie, in der ich unter anderem versuchen musste, einen Papierschnipsel vom Tisch zu pusten, ein echt gutes Training. Mit jedem Besuch konnte ich in jeder Woche eine Verbesserung der Aussprache feststellen.

Ich war sehr aufgeregt, immerhin rolle ich gleich in die Wohnung, in der ich die letzten Jahre bis zu diesem Riss aus meinem Leben gelebt hatte. Die Wohnung befand sich im vierten Stock und konnte mit einem Fahrstuhl erreicht werden.

Als wir von der Autobahn fuhren und letztendlich bei mir ankamen, lud meine Mutter, welche mich abgeholt hatte, den Rollstuhl aus, klappte ihn auseinander und half mir, mich vom Autositz in den Rollstuhl zu setzen. Laura wartete bereits oben auf uns.

Ich hatte vor wenigen Tagen einen neuen Rollstuhl erhalten. Einen Rollstuhl ohne diese große Kopflehne, einen generell viel mobileren Rollstuhl. Ich konnte meinen Kopf nun selbst halten und war nicht mehr darauf angewiesen.

Meine Mutter schob mich zum Hauseingang und mir kamen schnell die Tränen. Es waren Freudetränen. Endlich war ich wieder in meinem Heim angelangt. In meiner geliebten Hood. Ich war nach knapp 3 Monaten, wenn auch nur ein paar Stunden, wieder zurückgekehrt!

Meine Mutter klingelte, Laura entsperrte den Türriegel und so konnten wir die Eingangstür durchqueren. Laura lachte, als sie die Haustür öffnete. Sie hörte schon oben im vierten Stock mein Geheule von unten vor dem Aufzug im Erdgeschoss. Ich weinte unkontrolliert und ohne Grenzen. Dies tat ich immer noch oft. Sobald mir etwas näher ging, brach ich in Tränen aus. Ich denke mittlerweile, dass das auch eine Art Schutzmechanismus war und mein Kopf die Verarbeitung von bestimmten, emotionalen Momenten und Dingen noch nicht so leicht bewältigen konnte.

Wie ein Neugeborenes oder kleines Kind, das des Öfteren in verschiedenen Situationen schnell mal das Weinen beginnt.

Oben angekommen, war ich der glücklichste Mensch auf dieser Erde. Ich war zuhause. Ich rollte mit dem Rollstuhl durch die Wohnung und erblickte das erste Mal mein Zimmer. Es war sehr schön zuhause zu sein, meine guten Freunde und Mitbewohner zu sehen.

Einer von ihnen hatte ein Topf mit Weißwürsten aufgesetzt. Wir frühstückten gemeinsam am Esstisch, es fühlte sich so gut an. Ein bisschen Normalität konnte ich einatmen und aufsammeln.

Nette Pointe nebenbei – Hannah, meine damalige Schulkameradin und persönliches Schullexikon, war zu dieser Zeit mit einem meiner Mitbewohner zusammen. Sie saß auch am Tisch.

Wenig später kam Dome mit seinem Rasierer in die Wohnung. Meine Seiten waren wieder einmal fällig. Ich wurde im Rollstuhl über die hohe Türschwelle auf den Balkon geschoben und er fing an mir die Haare zu rasieren. Im Hintergrund lief ein Lied von dem Palmen aus Plastik 2 Album, welches in Kürze von den beiden Musikkünstlern Raf Camora und Bonez erscheinen sollte.

Es war ein wundervoller Moment gewesen.

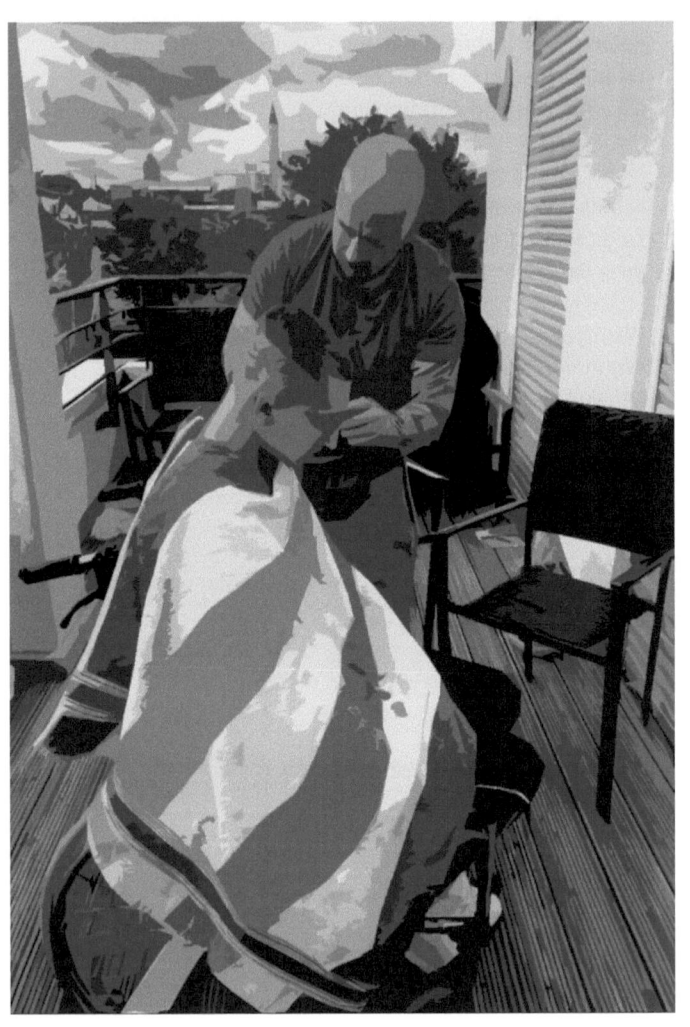

Nachdem mir also ein flotter Haarschnitt verpasst wurde, welchen man früher auch den guten alten Topfschnitt genannt hatte, machten wir uns auf den Weg zu den Gräbern. Mich ins Auto gesetzt, den Rollstuhl eingeladen und ab ging die Fahrt zu meinen verstorbenen Brüdern Max & Dani. Ich war gespannt, wie ich den Besuch erleben würde. Ob ich wieder einem Heulkrampf verfallen würde?

Angekommen am Friedhof, auf dem sich die Gedenkstätte meines langjährigen Freundes befand, schob Laura mich in Richtung seines Grabes. Es waren einige Leute von uns vor Ort. Ich zeigte keinen erwarteten Heulkrampf, sondern war still. Ich blickte auf den Grabstein, auf welchem ein Bild von Max angebracht war. Ich sah ihm tief in die Augen und schwelgte in Erinnerungen. Laura fragte mich, ob alles gut sei und ich antwortete: ‚Ja! Ich bin sehr dankbar, dass man mich hier noch nicht besuchen muss. Ich bin dankbar, an diesem Leben noch teilhaben zu dürfen.'

Die Aussprache war noch nicht sehr verständlich oder gar langatmig, aber diese Worte kamen so bei ihr an.

An diesem Punkt wurde mir noch einmal bewusst, dass ich auch neben Max liegen könnte und ich sehr dankbar sein sollte, diese Tage noch erleben zu dürfen. Das Schicksal wollte einen anderen Weg mit mir gehen. So sitze ich nun hier im Rollstuhl und besuche das Grab meines Bruders, lasse eine Kerze nieder und darf ihm gedenken.

Heute, über drei Jahre später, schreibe ich diese Zeilen und es hat sich an dieser Einstellung nichts geändert. Ich bin für jeden Tag dankbar, den ich hier noch erleben darf.

Es wurde immer gesagt, dass ich, als ich mich im künstlichen Koma befand, oben bei meinen Brüdern gewesen sei und sie mich wieder zurückgeschickt hatten, weil sie sagten, dass es für mich noch nicht vorbei sein sollte.

Max & Dani, ich vermisse euch und ich schwöre euch eins, eure Namen halte ich bis an mein Lebensende in die Höhen dieser Welt.

Anschließend fuhren wir weiter zu meinem Freund Dani ans Grab. Auch dort waren viele Leute erschienen. Mir wurde immer mehr bewusst, dass ich alleine für diese zwei tollen Menschen, die viel zu früh das Licht der Erde verlassen mussten, mein Leben, welches mir zum wiederholten Mal geschenkt worden war, nun vollkommen auskosten müsse. Auch Kämpfen, um noch weiter zurückzukommen. Kämpfen, um das Leben so gut es geht genießen zu dürfen. Wenn es vorbei ist, ist meine Zeit gekommen.

Das Schicksal wurde zu meinem Freund. Ich verstand, dass er sowieso seinen eigenen Weg gehen wird und es nur darauf ankommt, wie ich seinen Weg angehe und meistere.

Am Abend ging es für mich wieder in die Klinik. Dieser Ausgang hat mich angestachelt wieder Teil dieses freien Lebens zu werden. In meiner Wohnung, meinem Zimmer zu hausen und einfach das Leben und die Freiheit genießen zu dürfen. Mein Kampfgeist wuchs ins Unermessliche.

In den folgenden Wochen wurde mir sogar erlaubt, an den kommenden Wochenenden zuhause zu übernachten. So verbrachte ich die ersten Nächte in den eigenen vier Wänden. Ich ging das erste Mal zu meinem Stammfriseur, welchen ich vor der Hirnblutung wöchentlich aufsuchte.

Auch dieser war von Fragezeichen um meine Person umgeben. Von der einen auf die andere Woche war ich nicht mehr erschienen.

Mein Vater fuhr mich vor die Tür und parkte im absoluten Halteverbot direkt vor dem Laden. Wir stiegen aus und ich lief mit unterstützendem Arm selbst in den Salon, ohne den Rollstuhl auspacken zu müssen. Wieder so ein Punkt, der mich stolz machte, der mich Erfolg spüren ließ. Es ging voran!

Es wurde zudem Zeit, das erste Mal wieder ins heimische Fußballstadion zu rollen.

Keine sonderlich schöne Arena von außen betrachtet, wurden hier jedoch teils unfassbare Geschichten erlebt. Der Aufstieg aus der zweiten Liga in die erste, bei welchem ich nach Abpfiff auf den Rasen rannte und mich in den Mittelkreis legte und den Moment genoss. Um mich herum auf dem Rasen und auf den Rängen völlige Ektase. Der große Aufstieg in die Königsklasse des deutschen Fußballs war vollbracht.

Daraufhin wurde ich ins Stadion geschoben. Mir wurde vom Verein ein Platz bei den Rollstuhlplätzen reserviert. Nach 20 Minuten merkte ich, dass dies nicht mein Platz im Stadion sein konnte. Ich verfolgte zwar das Spiel und hatte eine traumhafte Sicht auf das Spielfeld, allerdings hielt ich es dort nach gut 30 Minuten nicht mehr aus und ich bestand darauf mich bitte aus dem Block zu schieben. Ich wollte zur Stehgerade und mich im Blockeingang im Rollstuhl aufhalten oder mich dort am Geländer aufstellen.

Demnach ging es los in Richtung unseres Stimmungsblockes. Ich wurde ans Geländer im Innenbereich des Blockeingangs geschoben und stellte mich an diesem auf. Da stand ich. In unserem Block. Versuchte die Lieder, die gesungen wurden, mitzusingen. Wie hatte ich dieses Gefühl vermisst. Im Block zu stehen und sich die Seele aus dem Lieb zu schreien. Die Fahnen wehen zu sehen, das Bier auf den gegnerischen Torwart fliegen zu sehen. Bei einem Tor eine Bierdusche von den hinteren Reihen zu bekommen.

All das saugte ich an jenem Tag nur so auf. Ich erlebte es sehr intensiv und die Glückshormone sprudelten in mir. So weit war ich nun schon gekommen. Hier am Geländer stehen zu können und dies so zu erleben. Ich hatte über die gesamte restliche Spielzeit ein Strahlen in meinem Gesicht zu verzeichnen. Gleichzeitig stand ich über eine Stunde am Geländer und so wurde daraus auch noch eine Trainingseinheit.
Ich fing auch damit an, in der Wohnung herumzulaufen und den Rollstuhl immer weniger zu nutzen. Vor allem bei solch kurzen Strecken durch die Wohnung, vom Auto zum Friseur oder in ein Restaurant.

In meinem Körper ist das Spannungsverhältnis einiger Muskeln gestört. Mein Kopf übersteuert diese Muskeln. Sie sind verwirrt, um es platt auszudrücken. Sie wissen nicht mehr, wie sie richtig zu funktionieren haben.

Jedoch erinnere ich die Muskeln durch ständiges Wiederholen von, von außen simpel aussehenden, Übungen daran, wie sie sich anzuspannen haben. Es sind teils einfache Bewegungsabläufe.

Währenddessen aber höre ich quasi das Rattern in meinem Kopf. Eine Umprogrammierung findet statt. Ein schnell nassgeschwitzter Rücken ist die Folge. Dies vollstrecke ich bis heute Tag für Tag.

Wiederholung macht den Meister.
Übung macht den Meister.

Ich saß eines Wochenendes auf unserem Balkon und beobachtete das Treiben der Menschen auf der Straße und den Gehwegen. Autos fuhren auf und ab, die Straßenbahn kam vorbei, die Sonne schien, es war ein angenehm schöner Herbsttag.

Ich schwelgte in Gedanken.

Ich fokussierte mich auf einzelne Personen, die unten vorbeiliefen und stellte fest, diese Menschen scheinen gerade nicht zu begreifen, wie dankbar sie dafür sein könnten körperlich wohlauf zu sein und diese Schritte oder Meter zu Fuß oder mit dem Rad zurückzulegen. Die Freiheit zu haben, sich frei bewegen zu können.

Der Mensch eifert immer Etwas nach. Ist die eine Stufe erreicht, so träumt er von der Nächsthöheren.
Der Mensch ist verdammt schwer satt zu kriegen. So merkte ich es auch an mir. Ich blickte zwei Monate zurück und da wäre es ein unrealistischer Traum gewesen hier sitzen zu können und die Sonne auf dem schön gelegenen Balkon zu genießen.
So bremste ich mich das erste Mal selbst und fing an zu verstehen, wie stolz ich auf mich und mein Umfeld sein konnte. Ich hatte es nach drei Monaten geschafft hier sitzen zu können und die Leute zu beobachten, die da unten vorbeizogen. Wahnsinn.

Ich genoss das Wetter, den Moment und spürte eine enorme Dankbarkeit in mir.

Mir widerfuhr ein Erfolg nach dem Nächsten und ich war meinem Körper zu Dank verpflichtet, dass er mein Willen etwas zu erreichen so gehorsam folgte. Er gab meinem eisernen Willen eine Bestätigung und bescherte mir diese Erfolge.

Am 17. Oktober wurde ich in einem Krankentransport in ein nahgelegenes Krankenhaus gefahren. Mir wurde die PEG-Sonde, der Zugang am Bauch, entfernt, mit dessen Hilfe ich die letzten Monate meine Nahrung zugeführt bekommen hatte.
Ich konnte inzwischen Essen und Trinken. Zu Beginn aß ich nur Brei gekochtes. Später auch weiche Fischstäbchen oder Hähnchenteile, welche mir meine kleine Schwester jeden Freitag mitbrachte.
Und so fing ich an das Kauen und Schlucken, das Essen, wieder zu erlernen. Beim Trinken aus einem Glas musste ich mich sehr fokussieren. War dies nicht der Fall, so verschluckte ich mich.

Alles was ich machte, war mit vollem Bewusstsein und dadurch mit der Konzentration und Kontrolle über meine Taten verbunden. Bis heute muss ich daraufsetzen, alles immer bewusst zu vollbringen. Diese Vorgehensweise bringt so gesehen nur Vorteile mit sich.
Es bremst mich, ich überlege und vollbringe erst dann. Keine halben Sachen. Überlegt durchs Leben gehen, aber auch eine Spontanität in sich zu haben.

Darum sitz ich nun wohl auch hier. Wieder auf dem Balkon, genieße die letzten Sonnenstrahlen und schreibe an diesem Buch. Das Leben und Schicksal spielen ihr eigenes Spiel mit uns und wir können nur darauf reagieren und dementsprechend handeln.

Es kommt, wie es kommt. Aber es kommt auf dich an, was du aus dem Lauf deines Lebens machst und vor allem, wie du es angehst und auf verschiedene Geschehnisse reagierst.

Langsam ging das Gerede über mein Verweilen in der Einrichtung los. Es wurde darüber gesprochen, dass ich langsam zu selbstständig und gut sei, um weiterhin in dieser Frührehabilitation verweilen zu dürfen. Es gibt einen sogenannten Barthel-Index. Dieser bepunktet das selbstständige Handeln und Absolvieren von alltäglichen Dingen des Patienten. In diesem Index waren meine Werte nun an der oberen Grenze angelangt.

Die Pfleger hielten diesen Wert weitestgehend unterhalb der Obergrenze, allerdings war klar, dass ich in dieser für mich traumhaften Frührehabitilation-Einrichtung nur noch wenige Wochen verweilen dürfe. Ich wollte unbedingt hier bleiben. Hier wurde sich so fürsorglich um mich gesorgt. Pfleger wurden zu Begleitern und Freunden. Die ganzen Wochen der Fortschritte und die Therapeuten, die genau wussten, mit welchen Übungen sie mich weiterbringen würden, gehörten zu dieser Einrichtung.

Dann kam die Meldung, dass ich eine letzte Verlängerung von den zuständigen Kassen erhalten habe. So wurden mir noch drei Wochen in dieser Einrichtung zugesichert. Ich war erleichtert und bekam zu meiner schon hohen Motivation einen weiteren Motivationsschub. Die letzten Wochen nochmal alles geben, um hier noch das bestmögliche rauszuholen und mitzunehmen, bevor es dann in eine weitere stationäre Einrichtung gehen würde, in der Menschen mit weitaus weniger schweren Verletzungen zugegen waren.

In diesen letzten Wochen kam ein gewisses Thema auf. Ich hatte noch vor dem Unfall meine schriftlichen Abschlussprüfungen absolviert – mit Erfolg! Ich hatte die Wochen zuvor intensiv gelernt. Ich wollte eine dieser Prämien, die mein Ausbildungsbetrieb, welcher Milliardenumsätze vorzuweisen hat, für Absolventen der Ausbildung als Ansporn für ein gutes Abschlusszeugnis angeboten hatte. Für einen 1, Schnitt gab es 3000€ und für einen 2, Schnitt gab es 1000€.

Innerlich kam in mir eine Wille auf, ähnlich dem, den ich in der Kindheit erlebte, als mein Vater mir die Prämie auf meine geschossenen Tore versprach. Auf unserem WG-Balkon grillten und tranken die Leute. Ich saß im angrenzenden Wohnzimmer und paukte Prüfungen aus den vorherigen Jahren auf und ab.

Ich hatte das Glück einen gestandenen Geschäftsmann als Ausbildungsleiter zu haben. Er hatte über 45 Jahre in diesem Betrieb zu verbuchen. Zudem war er ein hochgelobter Ausbilder mit einem sehr guten Ruf. Er arbeitete nebenbei in der lokalen Industrie- und Handelskammer. Unter anderem fungierte er dort auch als Prüfer bei den mündlichen Abschlussprüfungen. Somit hatte er ein enormes Grundwissen über das, was ich da erlernte.

Die letzten Wochen vor den schriftlichen Abschlussprüfungen gab er uns vormittags während den Geschäftszeiten Unterricht. Er stürmte unsere Köpfe mit Informationen zu den Themengebieten, welche in den Prüfungen vorkommen sollten. Infolgedessen hatten wir eine stabile Vorbereitung auf die Prüfungen.

Es stachelte mich an.

Da wir zudem jede Note, die wir rausbekommen hatten, bei ihm nach dem Schultag persönlich mitteilen mussten, lernte ich mit jedem Lehrjahr, dass ich abliefern musste, sollte ich meinem Ausbilder gestanden entgegentreten wollen.

Mit einer Fünf im Hinterkopf war der Gang zu seinem Büro nicht sonderlich angenehm. Er sah dir in die Augen und fragte, was da los gewesen sei, warum ich ihm eine Fünf mitteilen musste. Ich wusste, ich konnte ihm keine Märchen erzählen. Vielmehr musste ich mir eingestehen, zu wenig gemacht zu haben. Er erzog mich in dieser gewissen Weise. Durch Fleiß konnte ich diesem Weg, mit hängenden Schultern, in Richtung seines Büros entgehen. So steigerte sich meine Leistung mit jedem Jahr in dieser Ausbildung und durch dieses Prämienangebot der Firma, wurde ich für die Abschlussprüfungen zusätzlich motiviert. Ich legte in der schriftlichen Prüfung einen 2,0 Schnitt hin.

Aber was war mit der anschließenden mündlichen Prüfung, die sechs Wochen später stattfand?

Diese hatte zwei Tage nach meinem Schädel-Hirn-Trauma stattgefunden. Also ohne mich. Ich lag zu diesem Zeitpunkt schon auf der Intensivstation des Krankenhauses im künstlichen Koma und kämpfte ums Überleben. Mein Ausbilder kümmerte sich um mein plötzliches Fernbleiben der Prüfungen. So wurde ich einen Tag vorher herausgestrichen und mein Fernbleiben wurde nicht als jenes bewertet. Die Wochen zuvor hatte er mit uns den Prüfungsablauf geprobt. Er hatte die Erfahrung aus seinen vorherigen, jahrelangen Erfahrungen als Prüfer, die passenden Fragen und das nötige Know-How dazu. Er konnte uns originalgetreu zu Gemüte führen wie diese mündliche Prüfung für uns ablaufen würde.

Nun hatte ich also die schriftliche Prüfung mit einem sensationellen 2,0 Schnitt hinter mich gebracht. Zum Abschluss der Ausbildung gehörten allerdings beide Teile: der Schriftliche sowie der Mündliche.

Also was nun? Ich saß im Rollstuhl und konnte mich nur mühsam verständigen. Wie zur Hölle sollte ich diese mündliche Prüfung meistern? Am Ende würde meine Ausbildung nicht als abgeschlossen abgestempelt werden. Dies wollte ich zwanghaft vermeiden.

Mein Ausbilder hatte meinen Vater kontaktiert und ihm mitgeteilt, dass wir darüber reden müssten, wie es mit mir nun weiter ginge. Die nächsten mündlichen Prüfungen würden in zwei Monaten stattfinden. Ich sagte meinem Vater, dass ich es da versuchen wolle. Keine Ahnung, wie ich es hinbekommen sollte in zwei Monaten über eine halbe Stunde lang viele Fragen mündlich zu beantworten. Aber ich hatte diesen Willen in mir, da ich gespürt hatte, meine Seele wollte diese Ausbildung abschließen und hinter sich bringen. Es war das erste Mal nach den Ereignissen der letzten Monate, dass sich ein erdrückendes Gefühl entwickelte, wenn ich an ein Thema dachte. Meine Zusage zu den Prüfungen war ein einziger Traum, der in der Unerreichbarkeit sein Heim suchte. Eines Tages kam mein Ausbilder zu mir in die Frühklinik und ich rollte mit meinem Vater und ihm ins Café im Erdgeschoss.

Er war schon einmal hier an meinem Bett gestanden, als ich noch im Koma gelegen bin und ich mich erst wenige Tage in dieser Klinik befunden hatte. Er sah daher mit eigenen Augen, wie es um meine Person stand. Mein Vater hatte ihn eingeladen vorbeizukommen.

Diesem Move bin ich meinem Vater bis heute dankbar. So bekam mein Chef, mein Ausbildungsleiter, ein eigenes Bild davon, in welcher schlimmen Lage ich mich befand. Es war wichtig, um der Ungewissheit um mich und meine Person gleich den Druck zu nehmen und um zu zeigen, dass es jetzt darum ginge, mich weitestgehend wiederherzustellen und alles andere in den Hintergrund zu rücken.

Er fragte mich, wie ich mir das vorstellte, in zwei Monaten die Prüfung zu absolvieren. Mit gebrochenen, nicht voll verständlichen Worten erläuterte ich meinen Wunsch, diese Ausbildung nun endlich vollenden zu wollen. Er sagte, er habe die Macht, mich noch einmal aus der Liste der Prüflinge der IHK zu nehmen und mich ein halbes Jahr später, im Sommer, zu dieser Prüfung anzumelden. Er sagte auch, dass er das ein tolles Ziel fände. Mein Vater stimmte dem zu und so überzeugten mich die beiden und nahmen mir den Druck von den Schultern. Ich konnte mich wieder zu 100% auf mich konzentrieren. Und ich hatte mir ein weiteres Ziel gesetzt: Im Sommer diese mündliche Prüfung zu meistern.

In diesen letzten Wochen stieg ich abends vom Rollstuhl auf ein Standfahrrad im Therapieraum und drehte dort meine Extrarunden. Auch die Übungen für meinen Mund und die Zunge, die mir die Logopädin empfohlen hatte, übte ich zu jeder freien Minute in meinem Bett. Ich war zu diesem Zeitpunkt schon so dankbar und schätzte es sehr, welch wundersamen Fortschritte ich hinter mich gebracht hatte.

Ich übte auch das Laufen am Barren. Schritt für Schritt. Jeden Schritt musste ich mit voller Konzentration darauf verrichten. Kurz unaufmerksam, verhedderten sich meine Beine ineinander und ich drohte zu stürzen.

V. Randnotiz

Nun bin ich also schon weit über der 180. Seite, die ich geschrieben habe. Brutal! Ich hätte nie gedacht, dass ich so weit komme. Anfangs wusste ich nicht einmal, was ich hier anfange.

Ich habe die Zeit, die ich in den letzten Zeilen wiedergegeben habe, versucht so originalgetreu zu halten wie möglich. Also genauso, wie ich diese Zeit wahrnahm und ich bin sehr stolz darauf, diese doch nicht einfache Hürde gemeistert zu haben.

Dir mein Erlebtes so gut wie möglich widergespiegelt zu haben. Dir davon nun reflektiert erzählen zu dürfen. Es erfüllt mich, es befreit mich, es löst Gefühle in mir aus, die ich nicht zu kennen wusste.

Erst gestern Abend saß ich auf dem Balkon, beobachtete das Treiben am späten Abend auf den Straßen. Ich hatte an diesem Tag acht Seiten geschrieben und fühlte nun eine Leere in mir. Meine Gedanken kreisten um dieses Buch. Ich ging etliche Zeilen meines Geschriebenen gedanklich noch einmal hindurch und suchte nach besseren Formulierungen oder passenden Anekdoten. Dieses Buch nimmt mich förmlich ein. Umso größer ist die Freude darauf, dieses Werk zu vollenden. Diese Zeilen nimmt mir keiner mehr, diese Zeilen sind für die Ewigkeit bestimmt.

Gerade sitze ich auf meinem Bett, draußen schreitet der Herbst weiter voran. Vor sieben Wochen hatte ich dieses Buch angefangen. Wahnsinn. Ich kann es nicht glauben.

Im Fernseher vor mir läuft das Lied ‚Es geht voran' von dem Album Zenit RR von Raf Camora. Ich möchte hier eine Zeile wiedergeben, die er in diesem Song zum Ausdruck brachte.

‚Es geht voran –
Wir sind immer noch hier, GOTT SEI DANK!'

Ja! Wir sind immer noch hier, Gott sei Dank! Ich rief diese Zeile lautstark mit und fühlte diese Worte bis in die kleinen Zehen.

Vor drei Tagen war ich mit einem sehr guten Freund und Bruder, Milan, bei unserem Freund und Kämpfer Simon. Wir besuchten ihn in seiner Einrichtung, in welcher er nun lebte. Wir brachten ihm wie jedes Mal Cevapcici mit Kajmak, Ajvar, Zwiebeln und einem Brot mit. Seine Augen strahlten beim Essen und er musste dabei gebremst werden, dass er seinen Mund nicht zu voll lud, weil man Sorge hatte, er könnte sich verschlucken.

Es war eine seiner Leibspeisen. Sein Gedächtnis hatte den Autounfall vom 24. September 2015 nicht vollumfänglich überstanden. Geschichten und Personen von früher kannte er. Allerdings hatte er keinen Zugriff mehr auf sein Kurzzeitgedächtnis. So bleiben Fragen, wie ‚Was gab es gestern zu essen?' weitestgehend unbeantwortet.

Dennoch konnten wir nun hier sitzen und mit ihm die besten Cevapcici in Süddeutschland genießen. Nebenher lief ein Spiel unserer Elf im TV, die sich dabei ihren ersten Saisonsieg ergatterte. Wir jubelten zusammen, als das späte 1:0 fiel.

Ich blickte auf das Bett, in welchem Simon lag und stellte wieder fest, Simon lebt! Und er tat das Beste aus seiner Lage. Er lässt es sich gut gehen und hat nette Menschen um sich.

Was würde ich geben, um Max oder Dani ebenfalls Essen mitbringen zu dürfen? Ihnen in die Augen sehen zu dürfen. Ein Fußballspiel im Fernseher mit den beiden zu verfolgen...

Alles

Dennoch spüre ich die Anwesenheit der beiden. Auch die beiden Jungs wollen, dass ich dieses Buch in die Welt hinaus trage.

Als wir uns nach Spielende von Simon verabschiedeten, wieder ins Auto stiegen und losfuhren, erklang das Lied ‚Es geht voran' wieder aus den Lautsprecherboxen des Autos.

Der Bruder, der neben mir saß, war bei dem Autounfall der Jungs hinter Simon gesessen. Diese Zeilen des Liedes von Raf, auf dem auch Bonez vertreten ist, lösen in mir ein wahnsinniges Gefühl aus.

Das Gefühl von absoluter Dankbarkeit und purer Lebenslust. Ich hatte diese Hirnblutung überlebt und der Bruder neben mir diesen schrecklichen Autounfall vom 24. September 2015.

WIR SIND IMMER NOCH HIER, GOTT SEI DANK!

Abschnitt 3 – Der Umzug

Die letzten drei Wochen in dieser Einrichtung beschäftigte ich mich intensiv mit meiner Aussprache. Ich wollte mich wieder verständigen können. Es war mein großes Ziel meine Stimme zurückzuerobern.

Also übte ich Zungenübungen und pustete unter anderem die ersten Kerzen auf dem Tisch aus. Ich versuchte auch immer wieder meinen Mund und meine Wangen mit Luft zu füllen und diese darin zu halten.

Da das Gaumensegel im Mundraum logischerweise auch ein Muskel ist, war dieser, wie alle Muskeln, die ich an meinem Körper besitze, zunächst gelähmt. Und ich musste ihn bewusst ansteuern und ihn mit Übungen bombardieren. So, dass der Muskel sich mal wieder an die Arbeit machen und sich Bewegungsabläufe merken würde. Ich wiederholte diese Übungen sehr oft und meine Aussprache wurde immer deutlicher. Einsilbige Wörter und Namen der aktuellen Besucher, die ich nach wie vor aufsagte, konnte ich mittlerweile schon weitestgehend gut verständlich aussprechen.

Das Gaumensegel sorgt dafür, dass du beim Sprechen keine Luft durch die Nase verlierst. Es verleiht dir mit dem Zwerchfell den Druck in der Stimme. Dieser Druck fehlte mir gänzlich. Auch das Zwerchfell ist ein Muskel und war zunächst gelähmt.

Zudem durfte ich mich in diesen letzten Tagen in dieser Einrichtung ohne Rollstuhl im Zimmer fortbewegen. Und so humpelte ich die ersten Male selbst zum Zähneputzen ans Waschbecken. Ich übte unter anderem auch schon einen Pullover auszuziehen. Ohne Hilfe von außen. Das waren meine täglichen Beschäftigungen, übliche und nebensächliche Alltagssituationen wieder zu eigenständig zu meistern. Schuhe binden fiel mir anfangs sehr schwer, es war gar unmöglich. Nach gut zwei Wochen beherrschte ich es wieder.

Im November wurden meine letzten Medikamente abgesetzt und das Einzige, was ich nun noch zu mir nahm, war das Magnesium.

Dies hat sich bis heute nicht verändert.

Am 17. November hieß es dann endgültig Abschied nehmen. Ab in die neue Heimat in ein nahgelegenes Reha-Zentrum, das mehr Normalität versprach. Vielleicht konnte ich sogar mit einem Einzelzimmer rechnen. Das wäre was!

Ich verabschiedete mich von allen tätigen Kräften und bedankte mich für den tollen Job, den sie an und mit mir verrichtet hatten. Ich wurde von meiner engsten Pflegerin Silvia hinuntergeschoben. Ab der Eingangstür wollte ich zum davorstehenden Auto zu Fuß gehen.

Ich wollte durch diese Türe in eine neue Zeit aufrecht und stehend gehen. Mein nächstes Ziel war es immerhin den Rollstuhl in meinem Zimmer in der neuen Einrichtung öfters stehen zu lassen.

Ich lief in Begleitung einer Hilfestellung durch die Eingangstür hinaus zur offenen Tür vom Auto, drehte mich vom Auto weg und lies mich auf dem Sitz nieder. Dann hielt ich mich am Sitz fest und Silvia hob step by step meine beiden Beine nacheinander an und setze sie im Fußraum des Autos ab.

Da saß ich im Auto, abfahrbereit zum nächsten Step dieser aufregenden Reise und Erfahrung. Ich hatte gemischte Gefühle. Zu schön war es in der aktuellen Einrichtung gewesen, zu viel Spaß hatte ich besonders am Ende dort gehabt. Aber andererseits ging mein Weg nun weiter. Da ich so viel erreicht hatte, spürte ich keinerlei Druck in mir. Im Gegenteil.

Es fing an mir richtig Spaß zu machen, weiter an mir selbst und an meinen Schwachstellen zu arbeiten.

Dort angekommen, sah ich einen riesigen Komplex vor mir. Ein großes Gebäude. Dies sollte nun also meine neue, vorübergehende Heimat werden.

In mir machte sich allmählich das Gefühl breit, nach Hause kehren zu wollen. Durch die Wochenendausgänge begann ich zu verspüren, wie toll es war, sich in seiner eigenen Wohnung, in seinem eigenen, gewohnten Umfeld aufhalten zu dürfen. Ich wollte wieder in meinem eigenen Bett schlafen. Dennoch wusste ich, nun hieß es erst einmal weiterkämpfen, Gas geben und Erfolge sammeln!

Die erste Nachricht und Information, die ich an der Anmeldestation erfahren hatte, war, dass ich ein Einzelzimmer genießen dürfte. Diese Information setzte mir ein Lächeln auf. – Endlich! Eigene vier Wände, in Ruhe Musik hören, meine Übungen machen. Alleine den Fernseher bedienen. Es ließ die Gedanken der Freude auf die Heimat, der eigenen WG, fürs Erste verblassen.

In dieser Einrichtung hatte ich meine vollkommene Ruhe. Das Gefühl von Privatsphäre kam auf. Und ich genoss es sehr.

Ich bekam einen gut bestückten Therapieplan, zu dessen Therapien man hier eigenständig erscheinen sollte. In den ersten Tagen wurden mir die Räume gezeigt, zu denen ich selbstständig und pünktlich nach Plan erscheinen musste.

Die ersten vier Wochen vergingen wie im Flug.

Ich trainierte oft in meinem Zimmer. Fuhr mit dem Rollstuhl zu den Therapiestunden und erzielte weitere Fortschritte.

Intensiv trainierte ich weiterhin meine Stimme. Ich bekam verschiedene Therapien dafür. Das hatte ich am Anfang bei den dortigen Ärzten und Therapeuten auch als mein primäres Ziel kundgetan. Dementsprechend verbesserte sich meine Mundmotorik. Woche für Woche gefiel mir mein Sprechen besser. Vor allem meine Zunge wies diese Unbeweglichkeit Stück für Stück von sich ab und schüttelte diese lähmende Spannung von sich.

Eines nervte mich von Beginn an: Die Tatsache im Rollstuhl herumfahren zu müssen und damit von Therapie zu Therapie zu cruisen. Ich träumte den ersten Monat davon, diese teils doch längeren Strecken auf zwei Beinen zu bewältigen.

Zudem waren in dieser Reha zu einer erhöhten Mehrheit ältere Menschen, jedoch ein geringerer Teil im Rollstuhl unterwegs. So stachelte es mich jeden Tag an, wenn ich andere Menschen herumlaufen sah.

Meine Physiotherapeuten schienen mir etwas ratlos, ich spürte keinen Elan. Wir führten nicht die Übungen durch, die mit mir in der Frühreha-Klinik erarbeitet worden waren. Auch hatte ich das Gefühl, dass mein Krankheitsbild eher schwer zu behandeln war und es nicht wirklich einen Plan für mich gab. Immerhin waren deren Patienten zumeist älter und hatten keine so komplexen neurologischen Krankheitssymptombilder oder diese wurden als Alterserscheinung abgetan.

In meinem Zimmer vollzog ich daher die Übungen aus der vorherigen Klinik selbst. Immerhin wollte ich den Rollstuhl zu einem bestimmten Zeitpunkt stehen lassen. Außerdem erledigte ich innerhalb meines Zimmers auch alles auf meinen eigenen zwei Beinen. Die Therapeuten gaben mir eher weniger rosige Aussichten und sagten mir, ich sollte für die nächste Zeit im Rollstuhl bleiben und nicht allzu viel herumlaufen. Das klang mir so gar nicht akzeptabel. Ich merkte wieder Mal einen großen Willen in mir den Rollstuhl öfters stehen zu lassen.

Meine Beine waren jeden Morgen ein einziger Klumpen. Sie klebten förmlich aneinander. Noch am Abend zuvor spürte ich eine Verbesserung. Doch am Morgen nach dem Aufwachen hatte ich wieder dasselbe Problem. Sie zogen sich im Schlaf immer zusammen.

Auch heute noch spüre ich am Morgen den Willen meines Körpers, sich am Liebsten in Embryostellung aufzuhalten. Leider muss ich ihm diese warme Illusion immer wieder aufs Neue nehmen. Du bist nicht mehr im Bauch deiner werten Mutter...

Die Zeit ist mein Freund, ich kämpfe nicht gegen sie, sondern gemeinsam, Seite an Seite, mit ihr.

Ganz nach dem Motto: Die Zeit heilt alle Wunden!

Wenn ich die Beine am Morgen austrecken wollte, wackelte das ganze Bett. Da sich meine Muskeln gegen dieses Ausstrecken wehrten und ihre Spannung so beibehalten wollten, wie sie sie sich im Schlaf zurechtgelegt hatten.

Die Muskeln waren aufgrund der Fehlsteuerung in meinem Kopf zu einem Dickschädel mutiert, der immer wieder geärgert und eines Besseren belehrt werden musste. Heute zittern sie nur nach harten Trainingstagen oder beim ersten Ausstrecken im Bett am Morgen. Und das auch weitaus weniger und kürzer als zu Anfangszeiten. Es geht voran!

Auch heute noch.

Mittlerweile befinden wir uns im März im Jahr 2024. Wieder sitze ich hier mit direktem Blick auf das Meer. Wieder arbeite ich an diesem Buch. Mittlerweile sind seit der Blutung gute fünf Jahre vergangen. Noch immer arbeite ich täglich an meinen Schwachstellen.

Da ein Buch für gewöhnlich nur einmal herausgebracht werden kann und mir diese Zeilen hier mein Leben bedeuten, lasse ich mir Zeit mit der finalen Veröffentlichung. Es kommt, wenn und wie es kommt.

Gut Ding will Weile haben.

Es war so weit. 10:30 Uhr. Es stand wieder eine Therapiesitzung an. Ich wollte mich auf den Weg dorthin machen und blickte auf meinen Rollstuhl, welcher nun seit knapp sechs Monaten mein täglicher Begleiter war.

Ich blickte nach kurzer Überlegung über ihn hinweg und lief ignorant an ihm vorbei. Ich öffnete meine Zimmertür und durchlief diese ohne jegliches Hilfsmittel. Nun stand ich auf dem Gang, den ich durchqueren musste, um zum Therapieraum zu gelangen. Ich hatte mir für meinen ersten Probelauf die kürzeste Strecke zu einer Therapie ausgewählt. So musste ich lediglich den Gang entlanglaufen und am Ende dessen befand sich auch schon der Therapieraum.

Wenn ich den Begriff Laufen nutze, heißt das, dass ich auf zwei Beinen vorankam. Es sah keineswegs elegant aus. Ich hinkte eher Schritt für Schritt den Gang entlang und fühlte mich dabei sehr Sturz gefährdet. Dennoch musste ich diesen Schritt wagen. Mein Körper, mein Bewusstsein, meine Person wollte den Rollstuhl nun für diese absehbare Strecke stehen lassen. Es fühlte sich einfach falsch an, sich für diese kurze Strecke wieder dort hineinzusetzen.

Angekommen am Therapieraum, setzte ich mich auf einen Stuhl vor dem Raum. Ich wartete darauf, bis mein Therapeut mich hineinrief. Ich war auf seine Reaktion gespannt. Immerhin stand ich auf einmal vor ihm und kein Rollstuhl war in Sicht. Ich dachte kurz, dass er mir nun vielleicht eine Standpauke halten würde, da er mir ja eben anderes geraten hatte.

Als er mich hineinrief, ließ er es weitestgehend unbekümmert geschehen. Und so gab er nur ein ‚Ah, versuchst du es jetzt ohne Rollstuhl' von sich.

Ich fing an das Personal in meiner alten Klinik zu vermissen. Wir hatten so eine herzliche Verbindung und ich war jeden Tag weiter motiviert wurden. Das fehlte mir hier. Bis auf die gut wirksamen Logopädie Stunden, wurde mir langsam etwas unwohl in dieser Einrichtung. Ich fühlte mich gezwungen selbst zu handeln und mich in gewisser Weise selbst zu therapieren. Am nächsten Morgen dehnte ich mich, wie ich dies jeden Morgen tat, um meine Muskeln und Beine fit für den Tag zu bekommen. Nur diesmal hatte ich eine neue Vision vor Augen. Daher dehnte ich mich etwas länger, ich weckte meine Muskeln mehr als sonst.

Denn ich kam auf die Idee, den Rollstuhl einfach zu schieben, anstatt darin zu sitzen. Auf diese Idee musste ich erst einmal selbst kommen. Von außen waren keine solcher Vorschläge zu erwarten.

Es war klug. Denn wenn ich nicht mehr hätte laufen können bei diesen doch weiteren Strecken zur Logopädie- oder Ergotherapie, hätte ich mich einfach in meinen Rollstuhl setzen und den Weg auf Rädern fortsetzen können. Aus diesem Anlass ging ich das erste Mal zu Fuß Richtung Aufzug. Mit dem Rollstuhl voran durchquerte ich die Aufzugstüren und drückte stehend auf den ‚EG'-Knopf. Es war unglaublich!

Menschen um mich herum, die auch schon länger als einen Monat hier waren, kannten mittlerweile den tätowierten jungen Mann im Rollstuhl. Sie waren

213

überrascht, dass dieser junge Mann ihnen nun plötzlich auf Augenhöhe entgegentrat. Ich hatte endlich wieder die motivierenden Gefühle erhalten, die ich in der vorherigen Rehabilitation zu spüren bekommen hatte.

Nicht von den Therapeuten, sondern von anderen Patienten. Sie strahlten mich teilweise an oder sprachen mir zu, dass ich das toll machen würde. Es tat sehr gut, dies zu hören. Es gab mir vor allem das Gefühl, richtig zu handeln. Nach ein paar Tagen ließ ich sogar den Rollstuhl komplett im Zimmer stehen und ging alle Strecken zu Fuß ohne Hilfsmittel.

Es war zu diesem Zeitpunkt Mitte Dezember, noch im Jahr 2018. Also knapp sechs Monate nach der plötzlichen Gehirnblutung im Juli.

Das Einzige, was ich heute anders machen würde, wäre direkt nach Krücken oder einem Gehstock zu fragen. Ich lief diese Schritte teils total unkontrolliert voran und betete gleichzeitig nicht stürzen zu müssen. Ich pokerte und riskierte damit, zu jeder Zeit fallen zu können. Dieses Gefühl hielt zwei Jahre an. Erst auf meiner letzten stationären Reha im Juli 2020 fing ich an, Krücken zu benutzen und letztendlich Nordic Walking Stöcke für mich zu entdecken. Es strich das Gefühl, jeden Moment stürzen zu müssen aus meinem Kopf. Seitdem kann ich mich zu 100 Prozent auf das Laufen konzentrieren und habe keine anderen abwegigen Gedanken im Kopf herumschwirren.

Aber alles kommt zu seiner Zeit! So musste es zwei Jahre dauern, um dies einzusehen und zu verstehen.

Ich machte mir das Leben selbst schwer, gleichzeitig aber machte es mich sehr glücklich die Wege in dieser Reha völlig freihändig zu gehen. Es sah alles andere als sicher aus, aber ich lief. Ich fing sogar damit an, die Treppen anstelle des Aufzuges zu nehmen.

Der Kampfgeist überwiegte allem.

Abends fiel ich ins Bett und schlief rasch ein. Es war für meinen Körper wahnsinnig anstrengend, normalerweise würde er im Rollstuhl von meinen Armen kutschiert werden. Nun aber lief ich alle Strecken und mein Kopf arbeitete auf Höchstleistung. Ich dehnte mich nun auch nachmittags und bewältigte Übungen in der Turnhalle im Kellergeschoss. Ich merkte, umso mehr ich mich in der früh auf den Tag vorbereite, umso mehr ich meine Beine tagsüber belaste, umso besser war mein Gangbild im Laufe des Tages. Keineswegs sicher, aber es fühlte sich dann kontrollierbarer an. Nur war da eben noch das Problem mit diesem ‚Reset' im Kopf, der über Nacht stattfand. An jedem Morgen waren da wieder diese zittrigen, streikenden Beine vor mir.

Dieses „für den Tag fit machen" wurde zu einer Routine, die bis heute anhält. Jeden Morgen, mal mehr mal weniger, mache ich Übungen, um so gut wie möglich Beine und Muskeln vom Schlaf zu befreien. Es macht mir Freude. Es stellt sich wie meine tägliche Arbeit dar. Nur, dass es kein üblicher Job ist, sondern mein eigener Körper zu meinem aktuellen Arbeitsplatz wurde.

Eine Person half mir in dieser zweiten Reheinrichtung enorm die Motivation weitestgehend beizubehalten. Laura. Sie kam mich auch hier nahezu jeden Tag besuchen. Und sie sagte mir nicht immer das, was ich hören wollte. Sie stachelte mich an, immer noch mehr zu erreichen. Sie piesackte mich in gewissen Situationen, anstatt beeindruckt von meinem neu errungenen Erfolg und Können zu sein.

Nach ihrer Ausbildung als Medizinfachangestellte, machte sie das Abitur, sowohl das Fachabitur als auch das allgemeine Abitur. Jedenfalls musste sie abends für den nächsten Tag lernen. Ihr kam die Idee, mich zu fragen, ob ich sie ausfragen könne. Sprachübung für mich, Lerneffekt für sie.

Für mich war es sehr anstrengend nach einem Therapietag am Abend noch eine Ausfrage durchzuführen, die sich auch als sprachlich verständlich darstellte.

Die Hefteinträge und Arbeitsblätter möglichst laut und deutlich vorzulesen war mit einer hohen Konzentration verbunden.

Ich musste mich auf die Lippen und Mundöffnung konzentrieren, das Gaumensegel musste sich schließen, das Zwerchfell sollte beim Reden nach innen gehen und ich sollte genug Luft zum Reden in den Lungenflügeln haben. Also erst einatmen und dann versuchen das Reden zu beginnen. Das waren all die Faktoren.

Ich konnte auch nicht laufen, wenn ich reden wollte. Es war wie ein Error in meinem Kopf. Zu viele Programme gleichzeitig geöffnet. Entweder fingen meine Beine an zu zittern, sie verknoteten sich oder ich machte einen Ausflug auf den Boden.

Auch heute noch ist es so, dass wenn ich mich in einer Ergotherapie Stunde befinde und in den dortigen Lokomat eingespannt werde, das Gerät oftmals stehen bleibt, sollte ich auf die Idee kommen, während des Laufens im Roboter das Reden zu beginnen. Mein Kopf blockiert an dieser Stelle und zeigt dem Gerät durch ein kollektives Anspannen der Muskeln, dass er überfordert ist.

Dennoch bedeutet es nicht aufzuhören, wenn mein Kopf mir dieses Signal gibt, dass es ihm Zuviel wird. Vielmehr bedeutet es den Kopf und auch die Muskeln kurz mit Ruhe zu belohnen und dann weiterzumachen. Durch dieses quälen fängt der Kopf an, seine Abläufe und fehlerhafte Anspannung der Muskeln zu hinterfragen. Ich zwinge ihn dazu, Neues zu lernen. Jeden Tag.

Ich hielt diese Ausfragen selten längere Zeit durch. Zumeist waren es Vokabeln, die sie mich abfragen ließ. Diese konnte ich verständlich aufsagen. Für mehrere und längere Sätze spielten die beteiligten Muskelgruppen noch nicht mit.

Auch in der Atmung spüre ich bis heute eine gewisse Spannung – auch sie war zu Beginn wie gelähmt und musste sich im künstlichen Koma ohne meine geistige Anwesenheit dazu zwingen wieder selbst zu funktionieren.

Die Wochen vergingen rasch. Ich bekam von meinem Vater noch im Dezember einen Laptop zu Weihnachten. Ich hatte zuhause nur einen Computer stehen.

Ich bekam in diesem Einzelzimmer das Verlangen danach, wieder mit Photoshop etc. herumspielen zu dürfen. Ich arbeitete bereits vor dem Unfall viel mit solchen Programmen. Außerdem wäre es zusätzlich ein gutes Training, um meine Hände und Finger feinmotorisch noch weiter zu verbessern und das Errungene zu festigen. Daher wünschte ich mir einen Laptop.

Auf dem Laptop, auf dem ich heute diese Zeilen schreibe.

Daraufhin fing ich auch wieder an, ein Projekt voranzubringen, welches mir schon seit 2016, weit vor diesem Schicksalsschlag, durch den Kopf gegangen war. Ich arbeitete immer wieder an meinem eigenen, kleinen Streetwear-Label. Ich erstellte in diesen Wochen viele Grafiken für Kleidungsstücke, um ein Bild von meinem jahrelang gewünschtem Label zu bekommen. Ich designte Shirts, Pullover und eine Jogginghose, die mit dem Namen meines Labels verziert worden sind.

An dieses Projekt denke ich auch heute noch, im Jahr 2024. Und irgendwann kommt dieses Label, wie damals schon geplant, in kleiner Stückzahl heraus und ich bringe diese limitierte Auflage an den Mann.

Alles kommt zu seiner Zeit.

Ich liebäugelte früher immer von einem Shirt des Graffitikünstlers Frost. Sein Label fand ich sehr einprägsam und es war schwer Kleidungsstücke seiner Marke zu ergattern. Damals war sein Label noch kein offizielles Klamottenlabel. Manche kannten es nur aus Videos, in welchen die Klamotten von Mitgliedern und Freunden einer mittlerweile sehr bekannten Straßenmusikergruppe aus Hamburg getragen wurden. Ich wollte auch so ein Shirt. Eines Abends entdeckte ich eine Bestellsammlung für einen Jogginganzug seiner Marke ,Vandalsport'. Ich musste dem Herausbringer, Frost, dazu eine Mail schreiben, in der ich meine Bestellung, also Größe und Menge, mitteilte. Er schickte mir daraufhin eine Bankverbindung. Ich überwies den offenen Betrag flott und freute mich auf meinen ersten Stoff dieser Marke.

Der Trainingsanzug kam an und ich war glücklich auf diesem fast schon altmodischen Weg, über einen E-Mail-Verkehr, mir diese Kleidungsstücke ergattert zu haben.

Eigentlich, wenn ich recht überlege, kam ich nur wegen ihm und seinem Klamottenlabel auf den Gedanken auch einmal etwas in der Form herausbringen zu wollen.

VI. Randnotiz

Nun sitz ich hier seit gerade einmal acht Wochen an diesem Buch. Ich fühle mich wie ein Regisseur, der beim Filmset aufgedreht auf und ab läuft, der immer wieder ein Auge auf Alles hat. Stimmt der Hintergrund? Haben die Kameras den richtigen Blickwinkel? Wie wirkt die Szene auf dem Monitor?

Ich lese ständig obere, früher verfasste Zeilen. Finde Verbesserungen oder füge sogar einen ganzen Absatz hinzu. Es ist wie in einem Film. Nur, dass es sich dabei um meine reale, eigens geschriebene Biografie handelt. Nebenher läuft Musik. Musik von Raf Camora. Seine Musik unterstützt mich enorm dabei, dieses Buch zu schreiben und es letztlich zu Ende zu bringen.

Bevor ich begonnen hatte, dieses Word-Dokument zu erstellen und dem Rausch des Schreibens zu verfallen, las ich die vor wenigen Wochen erschienene Autobiografie von Raphael Raf Camora Ragucci. Er ist ein Denker und Macher. Er zog sich von weit unten bis an die Spitze der Baumkrone und versank anschließend in seinem Erfolg. Dies alles erzählt er darin. Aufrichtig und ehrlich.

Seine Autobiografie kann ich jedem, besonders Menschen, die ein Gefühl für Kunst, Hip-Hop oder generell die Musik haben, bewusst ans Herz legen. Auch den Menschen, die wie er vom großen Erfolg träumen. Er zeigt dir als Leser die Kehrseite dieses Erfolgs.

Dieses Buch hat mich dazu gebracht, den Laptop aufzuklappen und loszulegen. Ich saß auf meinem Bett und las seine gerade neu erschienene Autobiografie. Ich befand mich ungefähr bei der Hälfte. Es war der 2. August 2021. Ich legte das Buch beiseite und ging auf den Balkon. Auf diesem lag eine Haschzigarette. Ich nahm ein paar Züge und beobachtete das Geschehen auf der Straße. Ich ging noch einmal einzelne Zeilen hindurch, die Raf mir da gerade nähergebracht hatte.

Ich war begeistert von seinem Schreibstil. Es ist kein Buch, in dem durchgehend ein Fließtext zu finden ist. Das Buch ist in gewisser Weise locker aufgebaut. Es wird nicht jede Seite bis zum Anschlag vollgeschrieben. Meines Erachtens hat man als Leser mehr davon. Mehr Zeit, um seine geschriebenen Zeilen zu lesen und wirken zu lassen. Man hatte nicht diesen Fließtext vor sich, den man schnell hinunter rattert. Es war angenehm und spannend zugleich.

Ich hatte seitdem ich diesen Laptop bekommen hatte, oftmals Gedanken darüber, ein Buch schreiben zu wollen. Allein, um einmal zu erzählen, was ich die letzten drei Jahre erlebt und durchgemacht habe. Vor allem die Zeit, in der ich mich nicht verständigen konnte. Mich in diesem gelähmten Körper befand, aber das Geschehen und Handeln um mich herum mitbekam.

Allerdings hatte ich nie ein Bild vor Augen, wie mein Buch aussehen, wie ich es angehen könnte. Dieses Bild der Art des Buches, des Schreibstils, bescherte mir Raphael Raf Camora Ragucci mit seiner Autobiografie. Es sollte wohl so sein, dass ich nach all den wilden, chaotischen und kämpferischen Jahren nun hier sitze und dir die 216. Seite meiner eigenen Biografie näherbringen darf.

Heute ist der 29. September 2021. Vor etwas mehr als acht Wochen hatte ich meine ersten Zeilen hier niedergeschrieben. Ich hatte noch nicht gewusst, welch Ausmaß es bis hierhin nehmen sollte. Ich war mir nicht einmal sicher gewesen, ob ich mehr als zehn Seiten schreiben würde. Und nun habe ich ein zumindest inhaltlich fast vollendetes Buch vor mir. Ich belichtete einen Teil meiner noch jungen Lebensgeschichte, die von seinem Schicksal geprägt war.

Gerade sitz ich hier, glücklich in der Abendsonne. Lediglich ein pfeifender Wind zischt umher. Und ich genieße diese Zeilen. Die Randnotizen in diesem Buch haben mir immer wieder geholfen.

Sie waren für mich eine Art Freiraum in diesem Buch. Zeilen zum Durchatmen. Zeilen zum Druck ablassen. Sie taten mir und meinem angehaltenen Schreibfluss sehr gut. Ich tauchte an diesen Stellen kurz aus dem Buch heraus und betrachtete es von oben. Sozusagen aus der Vogelperspektive.

Es fühlt sich unbeschreiblich an, langsam den Boden dieses Buches zu spüren. Mein Kopf kommt dem Ende nah und er lässt es mich wissen. Er hat allmählich zu Ende erzählt.

Abschnitt 4 – Die Heimkehr ruft

Ab Januar wurde es mir in dieser anschließenden zweiten Rehaeinrichtung allmählich zu viel. Immerhin trainierte ich bewusst seit Ende August pausenlos und jeden Tag. In dieser Einrichtung durfte ich an den Wochenenden nur tagsüber das Gelände verlassen. Um 21 Uhr musste ich wieder zurück sein. Zuhause zu übernachten erlaubte meine zuständige Versichertenkasse nicht.

Durch die vorherige Reha, kam ich in den Genuss, wie toll es ist, an den Wochenenden wieder in der geliebten WG übernachten zu dürfen. Nun waren wieder um die drei Monate vergangen und nie durfte ich an den Wochenenden zuhause übernachten. Es machte mich von Zeit zu Zeit unglücklicher und ich wurde immer unruhiger. Zudem diese Unzufriedenheit in den Physiotherapiestunden.

Am Ende bekam ich zwar eine junge, motivierte Therapeutin zugewiesen, die sinnvolle Übungen mit mir erarbeitete. Allerdings waren meine Reserven zu diesem Zeitpunkt schon aufgebraucht. Ich hatte keine Kraft mehr. Ich benötigte eine Pause und eine Belohnung für diesen intensiven Kampf im Akkord alles wieder erlernen zu wollen. Die lang ersehnte Heimkehr, jeden Tag zuhause schlafen zu dürfen, war eine unfassbare Vorstellung.

Gerade kommt mir der Gedanke, dass es ein bisschen das Gefühl sein muss, wenn man eine Zeitlang im Gefängnis sitzt, wie man sich wünscht, frei zu sein. Im eigenen Bett, im eigenen Heim schlafen zu können. Ich wurde zum Glück von diesem Übel verschont. Ich glitt, wie durch meine Schulzeit, glimpflich durch Strafanzeigen hindurch und außer weniger Ordnungswidrigkeiten, die Bußgelder oder Stadionverbote auf Bewährung enthielten, konnte ich mich vor Anklagen und Gerichtsterminen immer bewahren.

Mich traf es auf eine andere Weise. Ich wurde mit einer teils hohen Muskelspannung gelähmt und mein Schicksal hatte mich geprüft, ob ich aus diesem Gefängnis, dem eigenen Körper, wieder entfliehen kann.

Mittlerweile konnte ich mich wieder einigermaßen verständigen. Es klang noch sehr nasal, da das Gaumensegel noch immer zu schwach war, um die Luft nicht durch die Nase entweichen zu lassen. Daher waren längere Sätze noch schwer zu bewältigen.

Über 20 Monate später bin ich noch immer nicht zufrieden oder gar ,fertig'. Es geht immer noch weiter voran!

Ich bestand meine mündliche Abschlussprüfung im Juli 2019, genau ein Jahr nach meinem Schicksalsschlag. Eine Meisterleistung! Die Prüfer, es war nicht mein Ausbilder, waren sehr zuvorkommend. Sie benoteten mich aber dennoch ehrlich. Ich lernte die Wochen zuvor und merkte schnell, dass sich das Lernmaterial schon einmal in meinem Kopf befunden hatte. Durch die Erinnerung daran, dass wir mit unserem Ausbilder die Prüfung mehrmals durchgegangen waren, konnte ich ohne große Aufregung an eben dieser teilnehmen. Ich war fit, gut vorbereitet und konnte mich, wenn auch etwas leiser im Ton, deutlich verständigen.

Und wie schon bei meinem schriftlichen Prüfungen, errang ich wieder die Note 2. Der 2,-Schnitt war perfekt.

Auch die Prämie wurde mir zu einem späteren Zeitpunkt noch ausgezahlt. Nach diesem verzögertem Abschluss dennoch diese Prämie zu erhalten, die mir damals versprochen worden war, empfand ich als ehrenwert!

Ein Jahr nach dem Wechsel in die fortgeschrittene Reha. Im November 2019 hatte ich mich daran versucht, eine Wiedereingliederung in meinem Ausbildungsbetrieb zu starten. Das erste Mal in die Firma zu kommen und kein Auszubildender zu sein, sondern ein ausgelernter, junger Mann - es fühlte sich gut an. Ich wurde sehr herzlich empfangen. Auch meine Arbeitskollegen hatten in gewisser Weise um mein Leben im letzten Jahr gebangt und wünschten mir nur das Beste.

Ich hatte in diesen drei Jahren der Ausbildung eine gute Bindung zu eben diesen aufgebaut. An einigen Betriebsausflügen mit meinen Kollegen und Chefs nahm ich teil. Lieferanteneinladungen, unter anderem zum Oktoberfest nach München, bei der alles bezahlt und bei denen feucht fröhlich getrunken worden war, erlebte ich mit. Oder auch der ein oder andere Abend in der Stadt, an welchen bis tief in die Nacht hinein gefeiert wurde. Es war ein angenehmes Umfeld für einen Arbeitsplatz gewesen. Ich hatte mich immer gut mit meinen Kollegen und Vorgesetzten verstanden.

Lediglich die Bürositzerei hatte mich am Ende der Ausbildung zunehmend genervt. Ich wusste nicht, ob ich wirklich auch nach meiner Ausbildung noch tiefer in diese Materie eindringen und es zu meinem ausgelernten Beruf machen wollte. Irgendwie passte es nicht in mein Lebensbild. Ich war vor allem erlebnisorientiert. In gewisser Weise ein Freigeist. Diese 38,5 h Arbeitswoche im Büro hing mir nach diesen fast drei Jahren der Ausbildung allmählich zum Hals hinaus. Es wurde nach diesen Jahren eintönig. Ich sehnte mich nach Abwechslung.

Dann kam eben kurz vor meiner mündlichen Prüfung, mein Schicksal ins Spiel und entschied ohne mich, einen anderen Weg zu gehen und mich eben nicht diese Lehre zu Ende zu bringen und im Büro sitzen zu lassen. Es hatte seinen Weg wieder einmal ohne mich entschieden. Kam mir in gewisser Weise zuvor.

In der ersten Woche der Wiedereingliederung arbeitete ich zwei Stunden. Ich wurde gehandhabt wie ein Auszubildender und arbeitete einer Abteilung zu. Ich erledigte nebensächliche Arbeit, um wieder ein Gefühl dafür zu bekommen im Büro zu arbeiten.
In der zweiten Woche waren dann drei Stunden angedacht.

Zu dem Zeitpunkt hatte ich noch nicht die Idee, eine Gehhilfe zu verwenden. Ich lief jeden Weg ohne jegliche Hilfe und humpelnd vor mich hin mit dem Hintergedanken, jeden Moment fallen zu können. Nicht nur auf dem Weg in die Arbeit, egal wohin. Dieses Gefühl verfolgte mich immer, sobald ich zu Fuß unterwegs war. Letztlich fiel ich regelmäßig auch mal hin. Ich nahm dies immer mit Humor.

Hätte ich wegen einem weiteren kleinen Fall in Selbstmitleid versinken sollen? Hält dass die Welt für eine Trauerminute an? Bringt einen das weiter im Leben?

— Eine Frage, die sich selbst beantwortet.

Mein Kopf wusste trotz innerlichen Disputs, er müsse das Arbeiten nun versuchen und auch den Willen zeigen wieder ins System, in den gelernten Beruf, in das sogenannte Hamsterrad zu klettern und wieder funktionieren zu wollen.

Diese drei Stunden zeigten mir allerdings die Grenze auf. Ich dachte, während ich dort saß, was ich hier überhaupt gerade machte? Ich erledigte Bürokram, anstatt an meinem Körper zu arbeiten, der noch genug Baustellen vorzuweisen hatte.

Zudem sitze ich bis heute ungern normal sitzend auf einem Stuhl. Mein Körper zeigt mir, dass dies keine angenehme und vorteilhafte Lage für mich ist. Ich fühl mich nach längerem Sitzen schlicht unwohl und eingerostet.

Und das spürte ich auf diesem Bürostuhl. Es war falsch hier zu sitzen und so zu tun, als wäre nichts gewesen. Als hätte mich das Leben nicht belehrt.
Ich sollte mich viel mehr auf mich konzentrieren, als zu versuchen, wieder in einem Büro zu arbeiten.
Auch schlief ich nach diesen drei Stunden im Büro zuhause schnell ein und war sichtlich erschöpft. Das Vorbereiten am Morgen für die Arbeit, meine Muskeln zu dehnen und mich locker zu machen, damit ich diese Wege vom Auto zum Büro so stabil wie möglich meistere. Auch stieg ich dort die Treppen, anstatt den Aufzug zu nehmen. Als ich an meinem Büroplatz ankam, war ich geschafft und musste erstmal wieder zur Ruhe kommen.

Der Aufwand und der Druck, den ich mir selbst machte, drückten mich nach eineinhalb Wochen förmlich hinunter. Aber ich musste diesen Schritt wagen und es zumindest versuchen.

Am Anfang der dritten Woche ging ich in Richtung des Büros des Niederlassungsleiters, meines Chefs und traf ihn zufälligerweise schon auf dem Weg dorthin. Er begleitete mich zu seinem Büro.

Auf dem Weg dorthin beging ich einen Fehler, der mir ab und an passierte. Ich wollte ihm etwas sagen, während ich neben ihm her lief. Meine Beine verhedderten sich dabei und ich fing mich mit meinen Händen rettend an der Wand neben mir ab.

Schließlich schloss er im Büro die Tür hinter sich und ich sagte ihm, dass ich dem Ganzen noch nicht gewachsen wäre. Ich war nicht bereit zu arbeiten. Mein Kopf gab mir eindeutige Signale.

In mir baute sich ein großer Druckball auf. Ich war zudem aufgeregt und meine Gedanken überfluteten mich wie ein Tsunami – obwohl es nicht nötig war. Jeder sah mir meine Anstrengung an und würde Verständnis zeigen.

Von ihm kam dann auch jenes ehrliche und volle Verständnis. Ich verabschiedete mich von ihm und den einzelnen Abteilungen und bedankte mich für die vielen weiteren Genesungswünsche.

Als ich wieder in meinem Auto saß, war ich komplett befreit und erleichtert. Der Druckball löste sich in Luft auf, ich konnte wieder befreit denken.

Ich hatte bereits zwei Monate nach Entlassung der weiterführenden Reha meinen Führerschein zurückerlangt.

Sieben Monate vor meinem Wiedereingliederungsversuch, im April 2019, rief mich mein Vater an. Er würde mit mir gerne ein Auto zeigen wollen. Eines mit Automatik.

Da die Funktionalität meines rechten Beines und Fußes für Gas geben und Bremsen fit genug war, überlegte er, wie ich wieder mobil werden könnte, um irgendwo hinzukommen.

Zu ambulanten Therapien, zum Fitnessstudio oder Friseur musste ich immer ihn, meine Mutter, Laura oder Freunde fragen, ob mich jemand abholen und hinfahren könnte. Ich wollte dem entkommen. Eines Tages rief mich mein Vater an, er würde mir gerne etwas zeigen. Folglich wartete ich vor der Haustüre des Wohngebäudes meiner WG und mein Vater kam mit einem Auto angefahren. Ich kannte es nicht. Er stieg aus und rief: ‚Auf! Ab ans Steuer!‘

Ich konnte meinen Ohren nicht glauben, ich soll nun wirklich auf der Fahrerseite einsteigen und einfach losfahren?

Tatsächlich setzte mich anschließend ans Steuer dieses Wagens. Da mein etwas krampfender und gelähmter linker Fuß einfach danebenstehen konnte, während der rechte Fuß seine Arbeit im Fußraum des Autos ausführte, konnte ich mit Vorsicht und dem wachenden Auge meines Vaters das Autofahren beginnen und so wieder ein Gefühl für die Straße erlangen.

Es war ein wundervolles Gefühl. Wieder einen Schritt in Richtung Normalität, Selbständigkeit und der großen Freiheit, wieder selbst, ohne auf Hilfe angewiesen zu sein, von A nach B zu verlegen. Ich konnte mich ab sofort selbst herumkutschieren.

Ich fuhr die ersten Tage nur in Begleitung meines Vaters, später auch alleine. In den Folgewochen erkundete sich mein Vater ergänzend, ob ich eigentlich irgendein Zertifikat benötige, um wieder Auto fahren zu dürfen. Ich hatte da auf der Reha auch etwas mitbekommen.

Aus diesem Grund war ich ein paar Wochen nach meinen ersten Fahrten, mit einem Fahrlehrer und einem Neurologen zu einer Praxisprobefahrstunde verpflichtet. Es wurde geprüft, ob ich wieder am Straßenverkehr teilnehmen dürfe. Wäre mir die Wochen zuvor ein Unfall passiert, hätte ich die Arschkarte gezogen.

Nach einem Schädel-Hirn-Trauma wieder ein Auto zu fahren, ohne ein Dokument bei zuhaben, welches bestätigt, dass ich wieder fahrtüchtig bin, wäre mir teuer zu stehen gekommen. Ab dem Zeitpunkt hatte ich wieder die offizielle Erlaubnis, *zumindest* ein Automatikgetriebe führen zu dürfen.

Auch nach all den Monaten in den Kliniken und Reha Einrichtungen, direkt nach zwei Monaten wieder ein großer Erfolg. Ich durfte offiziell ein Auto lenken und mein Vater ermöglichte mir dies. Er gab mein Auto mit Gangschaltung in Zahlung und bescherte mir stattdessen ein Auto mit Automatikgetriebe.

Schlusswort

Heute sitze ich hier, wohlgesonnen und gewissermaßen vom Leben gereift, mit meinen noch immer jungen 23 Jahren und tippe die letzten Zeilen meiner Autobiografie in die Tasten meines Laptops.

Ich bin ehrlich. Ich fühle mich nahezu wie dahin gereifte 45. Die letzten 8 Jahre haben mich enorm geprägt und reifen lassen. Sie waren ein einziges Feuerwerk der Erlebnisse und Gefühle.

Mir geht es gut! Ich trainiere noch immer täglich an mir, fahre spontan mit Freunden in den Urlaub, besuche meine Oma und meine Tante, bringe Simon essen in sein betreutes Heim mit.

Ich genieße mein Leben! In vollen Zügen!

Noch immer wohne ich in meiner geliebten Wohngemeinschaft. In den Räumen, in denen mein verstorbener Freund und Bruder Dani mit uns einziehen wollte. Ich schmeiß den Haushalt mit. Ich koche gerne. Ich kann mich keinesfalls beklagen.

Zu viele Menschen habe ich kennengelernt, deren Schicksal ihnen keinen Notausgang gegeben hat, die es nicht geschafft haben, sich aus ihrem Körper, dem Rollstuhl oder ihrem auferlegten Schicksal zu befreien, die andere schwerwiegende Krankheiten zu beklagen haben. Für diese Menschen genieße ich meine wieder errungenen Freiheiten mit, ich bin sehr dankbar. Nein, sehr dankbar reicht nicht aus, um meine Dankbarkeit zu beschreiben. Ich finde kein passendes Wort dafür, da sie wohl größer ist als es ein einzelnes Wort ausdrücken könnte.

Durch die Erinnerungen, in diesem Bett gelähmt zu liegen und das Geschehen um mich herum zu beobachten und durch die dazugehörigen Bilder, die die Erinnerungen bestätigen, weiß ich genau, wie sehr ich mich danach sehnte, so dazustehen, wie ich nun heute dastehe. Selbstständig zu sein. Ich fahre Auto, lebe *alleine* und versorge mich selbst. Es ist unfassbar.

Laura, meine damalige Freundin, die mich eine so lange Zeit sowohl unterstützt hatte als auch stark geblieben war, die nicht von meiner Schulter gewichen war oder mir gar den Rücken zugewandt hatte, als ich da lag, künstlich beatmet wurde und dem Tod direkt gegenüberstand. Allein aus Eigenschutz hätte sie sich auch instinktiv zurückziehen können. Aber nein, sie war zu jeder Zeit an meiner Seite und stärkte mir den Rücken, auch an den schlechteren Tagen.

Man kann jetzt behaupten, dass dies selbstverständlich sei. Aber dem muss ich widersprechen. Außerhalb der gutgläubigen, naiven Blase läuft das Leben leider anders. Sie hatte einen erheblichen Teil daran, dass ich nun wieder dastehe, wie ich dastehe. Auch dies ist ein Grund, weswegen wir uns heute anders entgegentreten. Dieses Ereignis, dieser Kampf ums Überleben und das Zurückkommen hat uns beide geprägt. Es war für uns beide, auf unterschiedlichen Ebenen sowie Art und Weisen, eine enorme Erfahrung.

Die Liebe, die eine Beziehung trägt, ist vergänglich, aber das Gefühl der Familie bleibt für immer.

Diese Worte beschreiben unsere heutige Bindung zueinander ziemlich gut. Die Art der Liebe wandelte sich nach all den Geschehnissen. Immerhin verlor Laura in gewisser Weise ihren Lebensgefährten und ich war gleichzeitig dazu verpflichtet mich aus einer schweren Prüfung, die das Leben mir auferlegte, wieder zu entfesseln. Es ist nahezu unmöglich ein Leben lang mit ein und demselben Partner wirklich glücklich zu bleiben. Wir wollten nicht, dass diese Erfahrung, die wir die letzten Monate zusammen durchgemacht haben, irgendwann durch ein Beenden der Beziehung auseinander geht. Wir beide sind aufrichtig glücklich damit, wir schätzen uns nach all der Zeit auf einer anderen Ebene. Brüderlich!

Alles kommt, wie es kommen soll. Lass dem Leben seinen Lauf und reagiere überlegt darauf und mit gutem Gewissen. Versuche nicht zu sehr, es lenken zu wollen. Schon gar nicht mit Gewalt. Es funktioniert nicht.

Dagegen sind Träume und Ziele umso wichtiger. Fang an deine Träume zu leben, fang an deine Ziele zu verfolgen. Aber fang als Erstes an, deine Ziele zu definieren und deine Träume zu erträumen.

Und sei vor allem dankbar, für das, was du hast! Schlechte Tage sind in unserem Leben gang und gebe. Jeder Mensch hat mal einen schlechten Tag oder eine schwierige Phase. Die Frage ist, wie du diese Zeit, diese Tage wahrnimmst, an dich reißt, verarbeitest und angehst. Freue dich auf bessere Zeiten und wenn du was dazu beitragen kannst, dass es bessere Zeiten werden können, dann tu es! Versinke nicht in Selbstmitleid.

Glaube an deine Träume und Ziele.

Um ein letztes Mal den Musikkünstler Raf Camora, dem ich dieses geschriebene Buch zu einem erheblichen Teil zu verdanken habe, zu zitieren.

,Man sieht mich lachen, auch wenn alles schlecht läuft
(…)
Ich weiß, morgen wird es besser, also besser drauf freuen.'

Eine Art Formel fürs Leben, die dich weiterbringen kann, wenn du sie verstehst und zulässt. Akzeptiere deine aktuelle Situation, nimm sie an, mache das Beste daraus oder boxe dich wieder aus ihr heraus.

In gewisser Weise habe ich es dir in diesem Buch vorgelebt. Natürlich habe ich Glück mit meinem Umfeld und meiner Familie, einen stabilen Rückhalt zu haben. Allerdings war da auch mein Ehrgeiz, ich trainierte zu jeder freien Minute und träumte immer von neuen Zielen.

Ob es der Mann im Café im Erdgeschoss war, der Kaffee und Kuchen genießen durfte oder Menschen um mich herum, die auf ihren Beinen laufend voran gingen. Diese Dinge motivierten mich. Ich sah es als Traum, dies auch mal wieder zu können. Ich versank in keinem Selbstmitleid. Stattdessen wollte ich mich und meinen Körper so gut wie nur möglich zurückerobern. Und nur durch diese Kampfeinstellung, durch diesen eisernen Willen, habe ich es so weit geschafft.

Noch heute bekomme ich positives Feedback von meinem Körper und erziele auch weiterhin noch Fortschritte. Step by step. Die Zeit ist mein Freund.

Bevor das Buch zu Ende geschrieben ist, möchte mein Kopf und Verstand noch ein paar Zeilen dem Mobiltelefon und den damit verbundenen sozialen Medien widmen. Dies geht vorwiegend an die jüngere Generation, die es oftmals nur wenige Stunden oder gar Minuten aushält, ohne in ihren viereckigen Kasten zu blicken.

Die heutige Welt wird durch diese Kanäle immer noch schnelllebiger. Immer noch mehr falsche Werte und Gefühle prasseln auf die vor allem jüngere Generation ein. Es beunruhigt mich. Wo soll dies hinführen? Sind wir irgendwann nur noch laufende Roboter? So kommt es mir zumindest vor, wenn ich Leute auf der Straße beobachte. Statt ihre Gegend und ihr Umfeld zu beachten, glotzen die meisten nur noch in ihr viereckiges Lebenselixier, während sie ihre Schritte vorangehen.

Daher leg ich dir nahe, wenn du dich angesprochen fühlst, leg es ab und zu einfach mal beiseite. Wenn es dir ehrlich gesagt schwerfällt, dann lerne es und lass es nicht einfach stattfinden. Vor allem, wenn du sowieso unter Freunden bist, ihr beisammensitzt. Lass es einfach mal stecken.

Ich erlebe tagtäglich, wie sehr ein Teil meines Umfelds von diesem Gerät dominiert wird. Du scheinst nur dort zu sitzen, etwas daran herumzuspielen und ‚kurz abzuschalten'. Allerdings arbeiten dein Gehirn auf Hochdruck, während du in dieses Teil blickst. Vor allem wenn du dich währenddessen in den sozialen Medien aufhältst.

Wenn du beispielsweise einen Film kuckst oder ein Buch lesen willst, schalte, wenn es dir schwerfällt dich nur darauf zu konzentrieren, den Flugmodus ein und fokussiere dich auf das, was du machen willst. Dabei lernst du auch, wieder mehr und mehr Geduld für dich zu gewinnen. Geduld ist etwas sehr Wichtiges im Leben. Ohne die Geduld, wäre ich in meiner Situation in diesem gelähmten Körper wahrlich verzweifelt.

Geduld zahlt sich aus. Geduld ist eine Tugend.

Gib deinem Gehirn auch mal eine Auszeit. In den gegenwärtigen sozialen Medien wird dein Kopf jede Sekunde mit verschiedenen Gefühlen oder Reizen wie Bildern und kurzlebigen Videos versehrt. Du wirst zu bombardiert mit falschen, kurzweiligen Emotionen und Werten.

Dein Kopf braucht seine Zeit, um über Sachen nachzudenken und um seinen Freiraum zu bekommen. Dadurch entstehen erst ausführliche Gedanken und es entwickeln sich Träume.

Anfangs kontrollierte ich jede Woche meine Bildschirmzeit auf dem Smartphone. Das empfehle ich jedem. Fang an, dich und deinen Konsum zu kontrollieren. Ich meide digitale Smalltalks oder ähnliches. Eigentlich melde ich mich nur bei Leuten, mit denen ich etwas ausmachen will. Zu kostbar ist mir meine Lebenszeit, als dass ich da auf meinem Telefon sinnlose Unterhaltungen führe.

Früher habe ich in der Schule ausgemacht, dass man sich um 15 Uhr auf dem Bolzplatz trifft. Ich ging daraufhin um 15 Uhr auf den Bolzplatz und mein Kumpel wartete schon. Das alles funktionierte so ganz ohne Handy.

Diese Zeit vermisse ich. Es bleibt zwar nichts, wie es mal war. Dennoch stehe ich dahinter, seinen Smartphone- und Social Media-Konsum selbst zu kontrollieren und auch zu regulieren.
Vor allem genieße auch einfach mal einen Moment, ohne dein Handy daran teilhaben zu lassen. Lass es in verschiedenen Momenten stecken und genieß den Augenblick. Du musst nicht alles sofort mit anderen teilen, die nicht vor Ort sind. Genieße ihn lieber mit deinen Augen und sauge ihn auf.

Beispielsweise bei Veranstaltungen wie Konzerten. Heutzutage steht jeder Musiker auf der Bühne vor einem Lichtermeer. Jeder filmt zum Beispiel, wie er auf die Bühne kommt. Warum?

Ein Kurzvideo oder Erinnerungsfoto am Ende reicht doch vollkommen aus. Stattdessen sind die Musiker den gesamten Auftritt umgeben von leuchtenden Smartphones, die sie alle filmen.

Genieße die Momente im Leben, die es dir zu genießen gewährt. Lebe dein Leben. Erträume deine Ziele. Denk an den schlechteren Tage daran, wie du sie besser machen kannst.

Nimm den Lauf des Lebens an, reagiere lediglich darauf und mache das Beste daraus!

Danke für dein Gehör! Beste Grüße, Alex!

SIMON LEBT! ICH LEBE!

MAX & DANI UNVERGESSEN!

ULTRAS STERBEN NIE!

Heute schreibt der Kalender den 03. September 2024,
mein Geburtstag jährt sich.

Als Geschenk an mich selbst reiche ich heute dieses vollen-
dete Schriftstück bei meinem Verlag ein.

Drei Jahre meines Lebens haben mich diese Zeilen begleitet.
Drei Jahre stöberte ich in meiner Vergangenheit.

Danke, dass du mich bis hierhin begleitet hast!

Das Leben ist ein Kampf – du entscheidest wer gewinnt.